논·술·한·국·대·표·문·학

46

벙어리 삼룡이

나도향

뽕 · 물레방아 · 꿈 · 계집 하인 · 행랑 자식 · 17원 50전 외

H 훈민출판사

경북 안동 시가지. 나도향은 일본에 유학갔다가 귀국한 후 경북 안동에서 보통학교 교사로 근무했다.

The Best Korean Literature

나도향의 초상화. 초기에는 낭만성이 짙은 애정 소설을 쓰다가, 후기에는 현실에 밀착된 사실주의적인 작품을 썼다.

〈뽕〉에서는 뽕밭을 배경으로 한 안협집과 삼돌이의 갈등이 재미있게 묘사되어 있다.

나도향의 작품 〈청춘〉의 배경이 된 안동 제1루인 영호루

배재학당에 있는 나도향 기념비. 나도향은 25세의 젊은 나이에 요절해 그 문학의 원숙미를 꽃피우지 못했다는 아쉬움을 남겼다.

나도향은 '백조'의 동인으로 활동하였다.

나도향의 출신 학교인 배재고의 현재 모습. 나도향은 고등학교 시절부터 습작을 많이 하였다.

〈물레방아〉는 물레방앗간을 배경으로, 가난에서 벗어나고자 아내가 남편을 버리고 돈 많은 상전을 택하게 되는 현실과 그에 대한 남편의 보복을 다룬 내용이다.

The Best Korean Literature

〈벙어리 삼룡이〉에서 주인공 삼룡이는 오 생원 댁의 머슴으로 있다가 주인집 아씨를 사랑하면서 자신을 찾아 간다.

〈물레방아〉의 원본

구인환(丘仁煥)

서울대학교 사범대학 졸업. 동 대학원 졸업(문학박사)
서울대학교 명예교수, 소설가(현). 서울대학교 사범대학 국어교육연구소 소장(현)
문학과문학교육연구소 소장(현). 국제펜 한국본부 부회장(현)
한국소설문학상(1987) 예술문화대상(1994) 한국문학상(2000)
작품 〈숨쉬는 영정〉, 〈살아 있는 날들〉, 〈일어서는 산〉 외 다수

- **저서** ≪한국단편소설의 이해≫, ≪한국현대소설의 비평적 성찰≫,
  ≪고교생이 알아야 할 소설≫, ≪고교생이 알아야 할 세계단편소설≫ 외 다수

윤병로(尹柄魯)

성균관대학교 국어국문학과 졸업. 동 대학원 졸업(문학박사)
성균관대학교 교수, 문학평론가(현). 한국현대소설학회장(현)
한국문예학술저작권협회 이사(현). 한국간행물윤리위원회 위원(현)
한국펜 문학상(1987). 한국문학상(1988). 대한민국문학상(1989)
수필집 ≪나의 작은 애인들≫

- **저서** ≪현대 작가론≫, ≪한국 현대 소설의 탐구≫,
  ≪한국 근대 작가 작품 연구≫, ≪한국 현대작가의 문제작 평설≫ 외 다수

홍성암(洪性岩)

고려대학교 국어국문학과 졸업. 한양대학교 대학원 국어국문학과 졸업(문학박사)
동덕여자대학교 교수, 소설가(현). 한국문인협회 회원(현)
한국소설가협회 이사(현). 국제펜 한국본부 소설분과 이사(현). 한민족 문화학회 회장(현)
창작집 ≪큰 물로 가는 큰 고기≫, ≪어떤 귀향≫ 외
대하역사소설 ≪남한산성≫(전9권) 외 다수

- **저서** ≪문학의 이해≫, ≪현대 작가론≫, ≪한국 근대 역사소설 연구≫ 외 다수

기
획
·
감
수

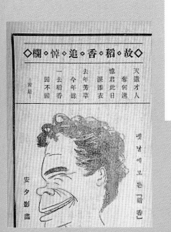

당시 책 표지에 그려진 나도향의 캐리커처

논술 한국대표문학을 펴내며

21세기의 사회는 '**전자 문명 시대**'라 일컬어질 만큼 오늘날 전자 산업은 우리 생활의 거의 모든 분야에 다양하게 응용되고 있습니다. 출판 분야 또한 예외는 아니어서, 종래의 서책(Book) 대신에 이른바 '전자책(CD-ROM)'의 출간이 최근 들어 날로 증가하고 있습니다.

그러나 이러한 전자책은 영상 또는 모니터상으로 흥미 위주나 백과사전식 지식을 습득하는 데는 효과적일지 모르지만, 문학 공부를 위해서는 별로 도움이 되지 않습니다. 바꾸어 말하면, 문학 공부는 각 지면마다 살아 숨쉬는 표현 하나하나를 독자 자신의 머리로 음미하면서 작품을 읽어 나가는 가운데, 풍부한 상상력의 배양과 함께 작가의 의도와 그 작품의 내면을 깊이 있게 이해함으로써 이루어지는 것입니다.

이에 훈민출판사에서는, 자라나는 학생들이 범람하는 영상 매체에 길들여지기 전에, 어려서부터 유명한 세계문학 작품들을 책자를 통하여 감명 깊게 읽고 감상함으로써, 올바른 문학 공부의 기틀을 다지고, 아울러 전인 교육도 할 수 있도록 《논술 한국대표문학(전60권)》을 펴내게 되었습니다.

작품 선정은, 초·중·고등학교 국어 교과서와 역사 교과서에 실리거나 소개된 문학 작품을 중심으로 하되, 그리스 신화와 성경 이야기 등의 고전에서부터 중세·근대·현대에 이르기까지 세르반테스·셰익스피어·톨스토이 등 세계 유명 작가들의 장·단편 소설들을 엄선·수록하였습니다. 또 세계의 명시도 별권으로 엮었으며, 특히 각 단락마다 '**논술 문제**'를 제시하여, 장차 대학입시를 비롯한 각종 '논술 고사'에 예비 지식을 쌓을 수 있도록 배려하였습니다. 아무쪼록, 이 《논술 한국대표문학(전60권)》이 자라나는 학생들에게 문학 공부의 주춧돌이 되고, 나아가 미래를 살아가는 데 **정신적 자양분**이 되기를 진심으로 바라 마지않습니다.

훈민출판사

차례

나도향

지은이

1902~1926년. 서울 출생. 본명은 경손, 필명은 빈이고, 도향은 호이다. 배재고보를 졸업하고, 안동에서 보통학교 교사로 근무했다. 1922년에 홍사용, 현진건, 이상화 등과 〈백조〉 동인으로 참가해 본격적인 문학 활동을 했다. 작품 생활 초기에는 낭만성이 짙은 소설을 썼으나, 〈행랑자식〉을 발표하면서부터 사실주의 소설을 쓰기 시작했다. 〈물레방아〉, 〈벙어리 삼룡이〉 등의 작품이 있다.

벙어리 삼룡이

1

내가 열 살이 될락말락한 때이니까 지금으로부터 십사오 년 전 일이다.

지금은 그 곳을 청엽정이라 부르지만 그 때는 연화봉이라고 이름하였다. 즉, 남대문에서 바로 내다보면 오정포가 놓여 있는 산등성이가 있으니 이 쪽이 연화봉이요, 그 새에 있는 동네가 역시 연화봉이다. 지금은 그 곳에 빈민굴이라고 할 수밖에 없이 지저분한 촌락이 생기고 노동자들밖에 살지 않는 곳이 되어 버렸으나, 그 때에는 자기네만은 행세한다는 사람들이 있었다. 집이라고는 십여 호밖에 있지 않았고 그 곳에 사는 사람들은 대개 과목밭을 하고, 또는 채소를 심거나 아니면 콩나물을 길러서 생활을 하여 갔었다.

여기에 그 중 큰 과목밭을 갖고 그 중 여유 있는 생활을 하여 가는 사람이 하나 있었는데, 그의 이름은 잊어버렸으나 동네 사람들이 부르기를 오 생원이라고 불렀다.

얼굴이 동탕하고 목소리가 마치 여름에 버드나무에 앉아서 길게 목 늘여 우는 매미 소리같이 저르렁저르렁하였다.

그는 몹시 부지런한 중년 늙은이로 아침이면 새벽 일찍이 일어나서 앞뒤로 뒷짐을 지고 돌아다니며 집안일을 보살피는데, 그 동네에서는 그가 마치 시계와 같아서 그가 일어나는 때가 동네 사람이 일어나는 때였다. 만일 그가 아침에 돌아다니며 잔소리를 하지 않으면 동네 사람들은 이상히 여겨 그의 집으로 가 본다. 그는 반드시 몸이 불편하여 누워 있었다. 그러나 그와 같은 때는 일 년 삼백육십 일에 한 번 있기가 어려운 일이요, 이태나 삼 년에 한 번 있거나 말거나 하였다.

그가 이 곳으로 이사를 온 지는 얼마 되지는 아니하나 언제든지 감투를 쓰고 다니므로 동네 사람들은 양반이라고 불렀고, 또 그 사람도 동네 사람들에게 그리 인심을 잃지 않으려고 섣달이면 북어쾌, 김톳을 동네 사람에게 나눠 주며, 농사 때에 쓰는 연장도 넉넉히 장만한 후 아무 때나 동네 사람들이 쓰게 하므로, 그 동네에서는 가장 인심 후하고 존경받는 집인 동시에 세력 있는 집이다.

그 집에는 삼룡이라는 벙어리 하인 하나가 있으니 키가 본시 크지 못하여 땅딸보이고, 고개가 달라붙어 몸뚱이에 대강이를 갖다가 붙인 것 같다. 거기다가 얼굴이 몹시 얽고 입이 크다. 머리는 전에 새 꼬랑지 같은 것을 주인의 명령으로 깎기는 깎았으나 불밤송이 모양으로 언제든지 푸 하고 일어섰다. 그래 걸어다니는 것을 보면 마치 옴두꺼비가 서서 다니는 것같이 숨차 보이고 더디어 보인다. 동네 사람들이 부르기를 삼룡이라 부르는 법이 없고 언제든지 '벙어리' '벙어리'라고 하든지 그렇지 않으면 '앵모' '앵모' 한다. 그렇지만 삼룡이는 그 소리를 알지 못한다.

그도 이 집 주인이 이사를 올 때에 데리고 왔으니 진실하고 충성스러우며 부지런하고 세차다. 눈치로만 지내 가는 벙어리지마는, 말하고 듣는 사람보다 슬기로운 적이 있고 평생 조심성이 있어서 결코 실수한 적이 없다.

아침에 일어나면 마당을 쓸고, 소와 돼지의 여물을 먹이며, 여름이면 밭의 풀을 뽑고 나무를 실어 들이고 장작을 패며, 겨울이면 눈을 쓸며 장 심부름과 진일, 마른일 할 것 없이 못하는 일이 없다.

그럴수록 이 집 주인은 벙어리를 위해 주며 사랑한다. 혹시 몸이 불편한 기색이 있으면 쉬게 하고, 먹고 싶어하는 듯한 것은 먹이고, 입을 때 입히고 잘 때 재운다.

그런데 이 집에는 삼대 독자로 내려오는 아들이 있다. 나이는 열일곱 살이나 아직 열네 살도 되어 보이지 않고, 너무 귀엽게 기르기 때문에 누구에게든지 버릇이 없고 어리광을 부리며, 사람에게나 짐승에게 포악한 짓을 많이 한다.

동네 사람들은, '후레자식! 아비 속상하게 할 자식! 저런 자식은 없는 것만 못해.' 하고 욕들을 한다. 그래서 그의 어머니는 아들이 잘못할 때마다 그의 영감을 보고

"그 자식을 좀 때려 주구려. 왜 그런 것을 보고 가만 두?"

하고 자기가 대신 때려 주려고 나서면,

"아뇨. 아직 철이 없어 그렇지, 저도 지각이 나면 그렇지 않을 것이 아뇨."

하고 너그럽게 타이른다. 그러면 마누라는 왜가리처럼 소리를 지르며,

"철이 없긴 지금 나이가 몇이오. 낼 모레면 스무 살이 되는데, 또 며칠 아니면 장가를 들어서 자식까지 날 것이 그래 가지고 무엇을 한단 말이오."

하고 들이대며

"자식은 꼭 아버지가 버려 놓았습니다. 자식 귀여운 것만 알았지 버릇 가르칠 줄은 모르니까……."

이렇게 싸움만 시작하면 영감은 아무 말도 하지 않고 바깥으로 나가 버린다.

그 아들은 더구나 벙어리를 사람으로 알지도 않는다. 말 못하는 벙어리라고 오고가며 주먹으로 허구리를 지르기도 하고 발길로 엉덩이를 찬다.

그러면 그 벙어리는 어린것이 그러는 것이 도리어 귀엽기도 하고 또 힘없는 팔과 힘없는 다리로 자기의 무쇠 같은 몸을 건드리는 것이 우습기도 하고 앙증맞기도 하여 돌아서서 툭툭 털고 다른 곳으로 몸을 피해 버린다.

어떤 때는 낮잠 자는 벙어리 입에다가 똥을 먹인 일도 있었다. 또 어떤 때는 자는 벙어리 두 팔, 두 다리를 살며시 동여매고 손가락 발가락 사이에 화승불을 붙여 놓아, 질겁을 하고 일어나다가 발버둥질을 하고 죽으려는 사람처럼 괴로워하는 것을 보고 기뻐하였다.

이러한 때마다 벙어리의 가슴에는 비분한 마음이 꽉 들어찼다. 그러나 그는 주인의 아들을 원망하는 것보다도 자기가 병신인 것을 원망하였으며, 주인의 아들을 저주한다는 것보다 이 세상을 저주하였다.

그러나 그는 결코 눈물을 흘리지 않았다. 그의 눈물은 나오려 할 때 아주 말라붙어 버린 샘물과 같이 나오려 하나 나오지 아니하였다. 그는 주인의 집을 버릴 줄 모르는 개 모양으로 자기가 있어야 할 곳은 여기밖에 없는 줄 알았다. 여기서 살다가 여기서 죽는 것이 자기의 운명인 줄밖에 알지 못하였다. 자기의 주인 아들이 때리고 지르고 꼬집어뜯고 모든 방법으로 학대할지라도 그것이 자기에게 으레 있을 줄밖에 알지 못하였다. 아픈 것도 그 아픈 것이 으레 자기에게 돌아올 것이요, 쓰린 것도 자기가 받지 않아서는 안 될 것으로 알았다. 그는 이 마땅히 자기가 받아야 할 것을 어떻게 해야 면할까 하는 생각을 한 번도 하여 본 일이 없었다.

그가 이 집에서 떠나가려거나 또는 그의 생활 환경에서 벗어나려는 생각은 한번도 해 보지 않았다 할지라도, 그는 언제든지 그 주인 아들이 자기를 학대하고 또는 자기를 못살게 굴 때 자기의 주먹과 또는 자기의 힘을 생각하여 보았다.

주인 아들이 자기를 때릴 때 그는 주인 아들 하나쯤은 넉넉히 제지할 힘이 있는 것을 알았다.

어떠한 때는 아픔과 쓰림이 자기의 몸으로 스미어들 때면 그의 주먹은 떨리면서 어린 주인의 몸을 치려 하다가는 그것을 무서운 고통과 함께 꾹 참았다. 그는 속으로,

'아니다. 그는 나의 주인의 아들이다. 그는 나의 어린 주인이다.'
하고 참았다.

그리고는 그것을 얼른 잊어버리었다. 그러다가도 동넷집 아이들과 혹시 장난을 하다가 주인 아들이 울고 들어올 때에는 그는 황소같이 날뛰면서 주인을 위하여 싸웠다. 그래서 동네에서도 어린애들이나 장난꾼들이 벙어리를 무서워하여 감히 덤비지를 못하였다. 그리고 주인 아들도 위급한 경우에는 언제든지 벙어리를 찾았다. 벙어리는 얻어맞으면서도 기어드는 충견 모양으로 주인의 아들을 위하여 싫어하지 않고 힘을 다하였다.

2

벙어리가 스물세 살이 될 때까지 그는 물론 이성과 접촉할 기회가 없었다. 동네 처녀들이 저를 '벙어리', '벙어리' 하며 괴상한 손짓과 몸짓으로 놀려먹음 받을 적에 분하고 골나는 중에도 느긋한 즐거움을 느끼어 본 일은 있었으나, 그가 결코 사랑으로써 어떠한 여자를 대해 본 일은 없었다.

그러나 정욕을 가진 사람인 벙어리도 그의 피가 차디찰 리는 없었다. 혹 그의 피는 더욱 뜨거웠을는지도 알 수 없었다. 뜨겁다 뜨겁다 못하여 엉기어 버린 엿과 같을지도 알 수 없었다. 만일 그에게 볕을 주거나 다시 뜨거운 열을 준다면 그의 피는 다시 녹을는지도 알 수 없었다.

그가 깜박깜박하는 기름 등잔 아래에서 밤이 깊도록 짚신을 삼을 때이면 남모르는 한숨을 아니 쉬는 것도 아니지마는, 그는 그것을 곧 억제할 수 있을 만큼 정욕에 대하여 벌써부터 단념을 하고 있었다.

마치 언제 폭발이 될는지 알지 못하는 휴화산 모양으로 그의 가슴속에는 충분한 정열을 깊이 감추어 놓았으나 그것이 아직 폭발될 시기가 이르지 못한 것이었다. 비록 폭발이 되려고 무섭게 격동함을 벙어리 자신도 느끼지 않는 바는 아니지마는 그는 그것을 폭발시킬 조건을 얻기 어려웠으며, 또한 자기가 이 때까지 능동적으로 그것을 나타낼 수가 없을 만큼 외계의 압축을 받았으며, 그것으로 인한 이지가 너무 그에게 자제력을 강대하게 하여 주는 동시에 또한 너무 그것을 단념만 하게 하여 주었다.

속으로, '나는 벙어리다.' 자기가 생각할 때 그는 몹시 원통함을 느끼는 동시에, 말하는 사람들과 똑같은 자유와 똑같은 권리가 없는 줄 알았다. 그는 이와 같은 생각에서 언제든지 단념 않을래야 단념하지 않을 수 없는 그 단념이 쌓이고 쌓이어 지금에는 다만 한 개의 기계와 같이, 이 집에 노예가 되어 있으면서도 그것을 자기의 천직으로 알고 있을 뿐이요, 다시는 자기가 살아갈 세상이 없는 것같이밖에 알지 못하게 된 것이다.

3

그 해 가을이다. 주인의 아들이 장가를 들었다. 색시는 신랑보다 두 살 위인 열아홉 살이다. 주인이 본시 자기가 언제든지 문벌이 얕은 것을 한탄하여 신부를 구할 때에 첫째 조건이 문벌이 높아야 할 것이었다. 그러나 문벌이 있는 집에서는 그리 쉽게 색시를 내놓을 리가 없었다. 그러므로 하는 수 없이 그 어떠한 영락한 양반의 딸을 돈을 주고 사 오다시피 하였으니, 무남독녀 외딸을 둔 남촌 어떤 과부를 꿀을 발라서 약혼을 하고, 혹시나 무슨 딴소리가 있을까 하여 부랴부랴 혼례식을 올려 버렸다.

혼인할 때의 비용도 그 때 돈으로 삼만 냥을 썼다. 그리고 아들의 처

갓집에 며느리 뒤보아 주는 바느질삯, 빨래삯이라는 명목으로 한 달에 이천오백 냥씩을 대어 주었다.

신부는 자기 아버지가 돌아가기 전까지만 해도 상당히 견디기도 하고 또는 금지옥엽같이 기른 터이라, 구식 가정에서 배울 것 배우고 읽힐 것 읽혀 못하는 것이 없고, 게다가 본래 인물이라든지 행동거지에 조금도 구김이 있지 아니하다.

신부가 오자 신랑의 흠절이 생기기 시작하였다.

"신부에게 대면 두루미와 까마귀지."

"아직도 철딱서니가 없어."

"색시에게 쥐어 지내겠지."

"신랑에겐 과하지."

동네집 말 좋아하는 여편네들이 모여 있으면 이렇게 비평들을 한다.

어떠한 남의 걱정 잘 하는 마누라님은 간혹 신랑을 보고는 그대로 세워 놓고,

"글쎄, 이제는 어른이 되었으니 셈이 좀 나요. 저러구 어떻게 색시를 거느려 가누. 색시 방에 들어가기가 부끄럽지 않남."

하고 들이대다시피 하는 일이 있다.

이럴 적마다 신랑의 마음은 그 말하는 이들이 미웠다. 일부러 자기를 부끄럽게 하려고 하는 것 같아, 그 후에 그를 만나면 말도 안하고 인사도 하지 아니한다.

또 그의 고모 되는 이가 와서 자기 조카를 보고,

"인제는 어른이야. 너도 그만하면 지각이 날 때가 되지 않았니. 네 처가 부끄럽지 아니하냐."

하고 타이를 적마다 그의 마음은 말하는 사람에게 부끄럽다는 것보다도 자기를 이렇게 하게 한 자기 아내가 더욱 밉살머리스러웠다.

"여편네가 다 무엇이냐? 빌어먹을 년이 들어오더니 나를 이렇게 못살 게들 굴지."

혼인한 지 며칠이 못 되어 그는 색시 방에 들어가지를 않았다. 집안에서는 야단이 났다. 마치 돼지나 말새끼를 혼례시키려는 것같이 신랑을 색시 방으로 집어넣으려 하나 막무가내였다.

그럴 때마다 신랑은 손에 닥치는 대로 집어 때려서 자기의 외사촌 누이의 이마를 뚫어서 피까지 나게 한 일이 있었다.

집안 식구들은 하는 수가 없어 맨 나중으로 아버지에게 밀었다. 그러나 그것도 소용이 없을뿐더러 풍파를 더 일으키게 하였다. 아버지께 꾸중을 듣고 들어와서는 다짜고짜로 신부의 머리채를 쥐어잡아 마루 한복판에 태질을 쳤다. 그리고는,

"이년, 네 집으로 가거라. 보기 싫다. 눈앞에는 보이지도 마라."

하였다. 밥상을 가져오면 그 밥상이 마당 한복판에서 재주를 넘고, 옷을 가져오면 그 옷이 쓰레기통으로 나간다.

이리하여 색시는 시집오던 날부터 팔자 한탄을 하며 날마다 밤마다 우는 사람이 되었다.

울면은 요사스럽다고 때린다. 또 말이 없으면 빙충맞다고 친다. 이리하여 그 집에는 평화스러운 날이 하루도 없었다.

이것을 날마다 보는 사람 가운데 알 수 없는 의혹을 품게 된 사람이 하나 있으니 그는 곧 벙어리 삼룡이였다.

그렇게 예쁘고 유순하고 그렇게 얌전한, 벙어리의 눈으로 보아서는 감히 손도 대지 못할 만큼 선녀 같은 색시를 때리는 것은 자기의 생각으로도 도저히 풀 수 없는 의심이다.

보기에도 황홀하고 건드리기도 황송할 만큼 숭고한 여자를 그렇게 학대한다는 것은 너무나 세상에 있지 못할 일이다. 자기는 주인 새서방에게 개나 돼지같이 얻어맞는 것이 마땅한 이상으로 마땅하지마는, 선녀와 짐승의 차가 있는 색시가 자기와 똑같이 얻어맞는 것은 너무 무서운 일이다. 어린 주인이 천벌이나 받지 않을까 두렵기까지 하였다.

어떠한 달밤, 사면은 고요 적막하고 별들은 드문드문 눈들만 깜박이며 반달이 공중에 뚜렷이 달려 있어 수은으로 세상을 깨끗하게 닦아 낸 듯이 청명한데, 삼룡이는 검둥개 등을 쓰다듬으며 바깥마당 멍석 위에 비슷이 드러누워 하늘을 쳐다보며 생각하여 보았다.

주인 색시를 생각하면 공중에 있는 달보다도 더 곱고 별들보다도 더 깨끗하였다. 주인 색시를 생각하면 달이 보이고 별이 보였다. 삼라만상을 씻어 내는 은빛보다도 더 흰 달이나 별의 광채보다도, 그의 마음이 아름답고 부드러운 듯하였다. 마치 달이나 별이 땅에 떨어져 주인 새아씨가 된 것도 같고, 주인 새아씨가 하늘에 올라가면 달이 되고 별이 될 것 같았다.

더구나 자기를 어린 주인이 때리고 꼬집을 때, 감히 입 벌려 말은 하지 못하나 측은하고 불쌍히 여기는 정이 그의 두 눈에 나타나는 것을 다시 생각할 때, 그는 부들부들한 개 등을 어루만지면서 감격을 느끼었다. 개는 꼬리를 치며 자기를 귀여워하는 줄 알고 벙어리의 손을 핥았다.

삼룡이의 마음은 주인 아씨를 동정하는 마음으로 가득 찼다. 또는 그를 위하여서는 자기의 목숨이라도 아끼지 않겠다는 의분에 넘치었다. 그것이 마치 살구를 보면 입 속에 침이 도는 것같이 본능적으로 느끼어지는 감정이었다.

4

새댁이 온 뒤에 다른 사람들은 자유로운 안 출입을 금하였으나 벙어리는 마치 개가 맘대로 안에 출입할 수 있는 것같이 아무 의심 없이 출입할 수가 있었다.

하루는 어린 주인이, 먹지 않던 술이 잔뜩 취하여 무지한 놈에게 맞아서 길에 자빠진 것을 업어다가 안으로 들여다 눕힌 일이 있었다. 그때에 아무도 안에 있지 않고 다만 새색시 혼자 방에서 바느질을 하고 있다가 이 꼴을 보고 벙어리의 충성된 마음이 고마워서, 그 후에 쓰던 비단 헝겊 조각으로 부시 쌈지 하나를 만들어 준 일이 있었다.

이것이 새서방님의 눈에 띄었다. 그래서 색시는 어떤 날 밤, 자던 몸으로 마당 복판에 머리를 푼 채 내동댕이쳐졌다. 그리고 온몸에 피가 맺히도록 얻어맞았다.

이것을 본 벙어리는 또다시 의분의 마음이 뻗쳐 올라왔다. 그래서 미친 사자와 같이 뛰어들어가 새서방님을 내어던지고 새색시를 둘러메었다. 그리고는 나는 수리와 같이 바깥사랑 주인 영감이 있는 곳으로 뛰어가 그 앞에 내려놓고 손짓과 몸짓을 열 번, 스무 번 거푸 하며 하소연하였다.

그 이튿날 아침에 그는 주인 새서방님에게 물푸레로 얼굴을 몹시 얻어맞아서 한쪽 뺨이 눈을 얼려서 피가 나고 주먹같이 부었다. 그 때릴 적에 새서방의 입에서 나오는 말은,

"이 흉칙한 벙어리 같으니, 내 여편네를 건드려!"

하며 부시 쌈지를 빼앗아 갈가리 찢어 뒷간에 던졌다.

"그리고 이놈아! 인제는 주인도 몰라보고 막 친다? 이런 것은 죽여야 해!"

하고 채찍으로 그의 뒷덜미를 갈겨서 그 자리에 쓰러지게 하였다.

벙어리는 다만 두 손으로 빌 뿐이었다. 말도 못하고 고개를 몇백 번 코가 땅에 닿도록 그저 용서해 달라고 빌기만 하였다. 그러나 그의 가슴에는 비로소 숨겨 있던 정의감이 머리를 들기 시작하였다. 그는 아픈 것을 참아 가면서도 복받치는 분노를 억제하였다.

그 때부터 벙어리는 안방에 들어가지 못하였다. 이 들어가지 못하는 것이 더욱 벙어리로 하여금 궁금증이 나게 하였다. 그 궁금증이라는 것이 묘하게 빛이 변하여 주인 아씨를 뵈옵고 싶은 심정으로 변하였다. 뵈옵지 못하므로 가슴이 타올랐다. 몹시 애상의 정서가 그의 가슴을 저리게 하였다. 한 번이라도 아씨를 뵈올 수가 있으면 하는 마음이 나더니, 그의 마음의 넋은 느끼기를 시작하였다. 센티멘털한 가운데에서 느끼는 그 무슨 정서는 그에게 생명 같은 희열을 주었다. 그것과 자기의 목숨이라도 바꿀 수 있을 것 같았다. 어떤 때는 그대로 대강이로 담을 뚫고 들어가고 싶도록 주인 아씨를 뵈옵고 싶은 것을 꾹 참을 때도 있

었다.

그 후부터는 밥을 잘 먹을 수가 없었다. 일도 손에 잡히지 않았다. 틈만 있으면 안으로 들어가고 싶었다.

주인이 전보다 많이 밥과 음식을 주고 더 편하게 하여 주었으나 싫었다. 그는 밤에 잠을 자지 않고 집 가장자리로 돌아다녔다.

5

하루는 주인 새서방이 술이 취하여 들어오더니 집 안이 수선수선하여지며, 계집 하인이 약을 사러 갔다 들어오는 것을 보고 그 계집 하인을 붙잡았다. 그리고 무엇이냐고 물었다.

계집 하인은 한 주먹을 뒤통수에 대고 얼굴을 젊다고 하는 뜻으로 쓰다듬으며 둘째 손가락을 내밀었다. 그것은 그 집 주인은 엄지손가락이요, 둘째 손가락은 새서방이라는 뜻이요, 주먹을 뒤통수에 대는 것은 여편네라는 뜻이요, 얼굴을 문지르는 것은 예쁘다는 뜻으로 벙어리에게 쓰는 암호다.

그런 뒤에 다시 혀를 내밀고 눈을 뒤집어쓰는 형상을 하고 두 팔을 싹 벌리고 뒤로 자빠지는 꼴을 보이니, 그것은 사람이 죽게 되었거나 앓을 적에 하는 말 대신의 손짓이다.

벙어리는 눈을 크게 뜨고 계집 하인에게 한 발짝 가까이 들어서며 놀라는 듯이 한참이나 있었다.

그의 가슴은 무섭게 격동하였다. 자기의 그리운 주인 아씨가 죽었다는 말이나 아닌가, 그는 두 주먹을 마주치며 한숨을 쉬었다. 그리고는 자기 방에 무엇을 생각하는 것처럼 두어 시간이나 두 눈만 껌벅껌벅하고 앉았었다.

그는 밤이 깊어 갈수록 궁금증 나는 사람처럼 일어섰다 앉았다 하더니 두 시나 되어서 바깥으로 나가서 뒤로 돌아갔다.

　그는 도둑놈처럼 조심스럽게 바로 건넌방 뒤 미닫이 앞 담에 서서 주저주저하더니 담을 넘었다. 가까이 창 앞에 서서 문틈으로 안을 살피다가 그는 진저리를 치며 물러섰다.

　어두운 밤에 그의 손과 발이 마치 그 뒤에 서 있는 감나무잎같이 떨리더니 그대로 문을 박차고 뛰어들어갔을 때, 그의 팔에는 주인 아씨가 한 손에 기다란 명주 수건을 들고서 한 팔로 벙어리의 가슴을 밀치며 뻗디디었다. 벙어리는 다만 눈이 똥그레서 '에헤' 소리만 지르고 그 수건을 뺏으려 애쓸 뿐이다.

　집안이 야단났다.

　"집안이 망했군!"

　"어디 사내가 없어서 벙어리를!"

　"어떻든 알 수 없는 일이야!"

하는 소리가 이 구석 저 구석에서 수군댄다.

6

　그 이튿날 아침에 벙어리는 온몸이 짓이긴 것이 되어 마당에 거꾸러져 입에서 피를 토하며 신음하고 있었다. 그 곁에서는 새서방이 쇠줄 몽둥이를 들고서 문초를 한다.

　"이놈!"

하고는 음란한 흉내는 모조리 하여 가며 건넌방을 가리킨다. 그러나 벙어리는 손을 내저을 뿐이다. 또 몽둥이에는 살점이 묻어 나왔다. 그리고 피가 흘렀다.

벙어리는 타들어 가는 목으로 소리도 못 내며 고개만 내젓는다. 그는 피를 토하며 거꾸러지며 이마를 땅에 비비며 고개를 내흔든다. 땅에는 피가 스며든다. 새서방은 채찍 끝에 납 뭉치를 달아서 가슴을 훔쳐 갈겼다가 힘껏 잡아 뽑았다. 벙어리는 그대로 거꾸러지며 말이 없었다.

새서방은 그래도 시원치 못하였다. 그는 벙어리가 새로 갈아 놓은 낫을 들고 달려왔다. 그는 그 시퍼렇게 날선 낫을 번쩍 들었다. 그러나 벙어리를 찌르려 할 때 벙어리는 한 팔로 그것을 받았고 집안 사람들은 달려들었다. 벙어리는 낫을 뿌리쳐 저리로 내던졌다.

주인은 집안이 망하였다고 사랑에 누워서 모든 일을 들은 체 만 체 문을 닫고 나오지를 아니하며, 집안에는 색시를 쫓는다고 야단이다. 그 날 저녁에 벙어리는 다시 끌려 나왔다. 그 때에는 주인 새서방이 그의 입던 옷과 신을 주며 눈을 부릅뜨고 손을 멀리 가리키며,

"가! 인제는 우리 집에 있지 못한다."

하였다. 이 소리를 듣는 벙어리는 기가 막혔다. 그에게는 이 집 외에 다른 집이 없다. 살 곳이 없었다. 자기는 언제든지 이 집에서 살고 이 집에서 죽을 줄밖에 몰랐다. 그는 새서방님의 다리를 끼어안고 애걸하였다. 말도 못하는 것을 몸짓과 표정으로 간곡한 뜻을 표하였다.

그러나 새서방님은 발길로 지르고 사람을 불렀다.

"이놈을 좀 내쫓아라."

벙어리는 죽은 개 모양으로 끌려 나갔다. 그리고 대갈빼기를 개천 구석에 들이박히면서 나가 곤드라졌다가 일어서서 다시 들어오려 할 때에는 벌써 문이 닫혀 있었다. 그는 문을 두드렸다. 그의 마음으로는 주인 영감을 찾았으나 부를 수가 없었다. 그가 날마다 열고 날마다 닫던 문이, 자기가 지금은 열려고 하나 자기를 내어쫓고 열리지를 않는다. 자기가 건사하고 자기가 거두던 모든 것이 오늘에는 자기의 말을 듣지 않는

다. 어려서부터 지금까지 모든 정성과 힘과 뜻을 다하여 충성스럽게 일한 값이 오늘에는 이것이다.

그는 비로소 믿고 바라던 모든 것이 자기의 원수란 것을 알았다. 그는 모든 것을 없애 버리고 자기도 또한 없어지는 것이 나을 것을 알았다.

그날 저녁, 밤은 깊었는데 멀리서 닭이 우는 소리와 함께 개 짖는 소리만이 들린다. 난데없는 화염이 벙어리 있던 오 생원 집을 에워쌌다. 그 불을 미리 놓으려고 준비하여 놓았는지 집 가장자리 쪽을 돌아가며 흩어 놓은 풀에 모조리 돌라붙어 공중에서 내려다보면 집의 윤곽이 선명하게 보일 듯이 타오른다.

불은 마치 피 묻은 살을 맛있게 잘라먹는 요마의 혓바닥처럼 날름날름 집 한 채를 삽시간에 먹어 버리었다. 이와 같은 화염 속으로 뛰어들어가는 사람이 하나 있으니, 그는 다른 사람이 아니라 낮에 이 집을 쫓겨난 삼룡이다. 그는 먼저 사랑에 가서 문을 깨뜨리고 주인을 업어다가 밭 가운데 놓고 다시 들어가려 할 제, 그의 얼굴과 등과 다리가 불에 데어 쭈그러져 드는 것을 알지 못하였다.

그는 건넌방으로 뛰어들었다. 그러나 색시는 없었다. 다시 안방으로 뛰어들었다. 그러나 또 없고 새서방이 그의 팔에 매달리어 구원하기를 애원하였다. 그러나 그는 그것을 뿌리쳤다. 다시 서까래에 불이 붙어 시뻘겋게 타면서 그의 머리에 떨어졌다. 그러나 그는 그것을 몰랐다. 부엌으로 가 보았다. 거기서 나오다가 문설주가 떨어지며 왼팔이 부러졌다. 그러나 그것도 몰랐다. 그는 다시 광으로 가 보았다. 거기도 없었다. 그는 다시 건넌방으로 들어갔다. 그 때야 그는 색시가 타 죽으려고 이불을 쓰고 누워 있는 것을 보았다. 그는 색시를 안았다. 그리고는 길을 찾았다. 그러나 나갈 곳이 없었다. 그는 하는 수 없이 지붕으로 올라갔다.

그는 비로소 자기의 몸이 자유롭지 못한 것을 알았다. 그러나 그는 자기가 여태까지 맛보지 못한 즐거운 쾌감을 자기의 가슴에 느끼는 것을 알았다. 색시를 자기 가슴에 안았을 때 그는 이제 처음으로 살아난 듯하였다. 그가 자기의 목숨이 다한 줄 알았을 때, 그 색시를 내려놓을 때에는 그는 벌써 목숨이 끊어진 뒤였다. 집은 모조리 타고 벙어리는 색시를 무릎에 뉘고 있었다.

그의 울분은 그 불과 함께 사라졌을는지! 평화롭고 행복스러운 웃음이 그의 입 가장자리에 엷게 나타났을 뿐이다.

뽕

1

안협집이 부엌으로 물을 길어 가지고 들어오매, 쇠죽을 쑤던 삼돌이란 머슴이 부지깽이로 불을 헤치면서,

"어젯밤에는 어디 갔었던교?"

하며, 불밤송이 같은 머리에 왜수건을 질끈 동여 뒤통수에 슬쩍 질러맨 머리를 번쩍 들어 안협집을 훑어본다.

"남 어데 가고 안 가고 님자가 알아 무엇할 게요?"

안협집은 별 꼴사나운 소리를 듣는다는 듯이 암상스러운 눈을 흘겨보며 톡 쏴 버린다.

조금이라도 염량이 있는 사람 같으면 얼굴빛이라도 변하였을 것 같으나, 본시 계집의 궁둥이라면 염치없이 추근추근 쫓아다니며 음흉한 술책을 부리는 삼십이나 가까이 된 노총각 삼돌이는 도리어 비웃는 듯한 웃음을 웃으면서,

"그리 성낼 게야 무엇 있습나? 어젯밤 안쥔 심바람으로 님자 집을 갔었으니깐두루 말이지."

하고 털벗은 송충이 모양으로 군데군데 꺼칫꺼칫하게 난 수염을 숯검정 묻은 손가락으로 두어 번 쓰다듬었다.

"어젯밤에도 김 참봉 아들네 사랑방에서 자고 왔습네그려."

삼돌이는 싱긋 웃는 가운데에도 남의 약점을 쥔 비겁한 즐거움이 나타났다.

"무엇이 어쩌고 어째, 이 망나니 같은 놈……."

하는 말이 입 바깥까지 나왔던 안협집은 꿀꺽 다시 집어삼키면서,

"남 어데 가 자든 말든 상관할 것이 무엇이오!"

하며, 물동이를 이고서 다시 나가려 하니까,

"흥! 두고 보소. 가만 있을 줄 알았다가는……."

"듣기 싫어! 별 꼬락서니를 다 보겠네."

2

강원도 철원 용담이라는 곳에 김삼보라는 자가 있으니 나이는 삼십오륙 세나 되었고, 키는 작달막하여 목은 다가붙고 얼굴빛은 노르께하며, 언제든지 가죽창 받은 미투리에 대갈 편자를 박아 신고 걸음을 걸을 적마다 엉덩이를 내저으므로 동리에서 그를 '땅딸보 김삼보', '아편쟁이 김삼보', '오리궁둥이 김삼보'라고 부르는데, 한 달에 자기 집에 붙어 있는 날이 이틀이라면 꽤 오래 있는 셈이요, 하루라면 예사다. 그리고는 언제든지 나돌아다니므로 몇 해 전까지도 잘 알지 못하였으나, 차차 동리서 소문이 돌기를 '노름꾼 김삼보'라는 말이 퍼지자 점점 알아본즉 딴은 강원도, 황해도, 평안도 접경을 넘어다니며 골패 투전으로 먹고 지내는 것이 알려지게 되었다.

그 노름꾼 김삼보의 여편네가 아까 말하던 안협집이니, 안협은 즉 강원, 평안, 황해, 삼도 품에 있는 고읍의 이름이다.

그 안협집을 김삼보가 얻어 오기는 지금으로부터 5년 전, 안협집이 스물한 살 되던 해인데 어떻게 해서 얻었는지 자세히는 알지 못하나 사

람들의 말을 들으면 술 파는 것을 눈을 맞추어서 얻었다고 하기도 하고, 계집이 김삼보에게 반해서 따라왔다고도 하고, 또는 그런 것 저런 것도 아니라 계집의 전남편과 노름을 해서 빼앗았다고도 하는데, 위인된 품으로 보아서 맨 나중 말이 가장 유력할 것 같다고 동리 사람들이 말을 한다.

처음에 안협집이 동리에 오자 그 동리 그 또래 계집들은 모두 석경(거울)을 들여다보게 되었다.

안협집이 비록 몸은 귀하게 태어나지 못하였으나 인물이 남달리 고운 점이 있어, 동리 젊은것들이 암연히 부러워하고 질투도 하게 되고 또는 석경 속에 비친 자기네들의 예쁘지 못한 얼굴을 쥐어뜯고 싶기도 하였으니, 지금까지 '나만한 얼굴이면' 하는 자만심이 있었던 젊은 계집들에게 가엾게도 자가결함이 폭로되는 환멸을 느끼게 하기까지도 하였다.

그러나 촌구석에서 아무렇게나 자란데다가 먼저 안 것이 돈이었다.

'돈만 있으면 서방도 있고 먹을 것, 입을 것이 다 있지.' 하는, 굳은 신조는 자기 목숨을 내어놓고는 무엇이든지 제공하여 부끄러운 것이 없었다.

십오륙 세 적, 참외 한 개에 원두막 속에서 총각녀석들에게 정조를 빌린 것이나, 벼 몇 섬, 돈 몇 원, 저고릿감 한 벌에 그것을 빌리는 것이 분량과 방법이 조금 높아졌을 뿐이요 그 관념은 동일하였다.

그리하여 이 곳으로 온 뒤에도 동리에서 돈푼이나 있고 얌전한 젊은 사람은 거의 다 한 번씩은 후려내었으니, 그것은 남자 편에서 실없는 짓 좋아하는 이에게 먼저 죄가 있다 하는 것보다도 이쪽 안협집에게 그 책임이 더 있다고 할 수 있고, 또 그것보다 더 큰 죄는 그 남편 되는 노름꾼 김삼보에게 있다고 할 수가 있으니, 그것은 남편 노름꾼이 한 달에 한 번을 올까말까 하면서도 올 적에는 빈손을 들고 오는 때가 많으니 젊은 계집 혼자 지낼 수가 없으매 자연히 이집 저집 동리로 다니며 품방아도 찧어 주고 김도 매 주고 진일도 하여 주며 얻어먹다가, 한번은 어떤 집 서방님에게 실없는 짓을 당하고 나서 쌀말과 피륙 두 필을 받아 보니 그것처럼 좋은 벌이가 없어 차츰차츰 이번에는 자기가 스스로 벌이를 시작하여 마치 장사하는 사람이 거래 단골을 트듯이 이 사람 저 사람을 집어먹기 시작하더니, 그것도 차차 눈이 높아지니까 웬만한 목도꾼 패장이나 장돌림, 조금 올라가서 순사 나리쯤은 눈으로 거들떠보지도 않게 되고, 적어도 그 곳에서는 돈푼도 상당하고 여간해서 손아귀에 들지 않는다는 자들을 얼러 보기 시작하게 되었던 것이다.

그 후부터는 일하지 않고 지내며 모양내고 거드름 부리고 다니는데 자기 남편이 오면은,

"이번에는 얼마나 땄습노?"

하고, 포르께한 눈을 사르르 내리뜬다.

"딴 게 뭔가, 밑천까지 올렸네."

삼보는 목 뒤를 쓰다듬으며 입맛을 다신다. 그러면 안협집은 전에 없던 바가지를 긁으며,

"×알 두 쪽을 달구서 그래 계집만두 못하다는 말요?"

하고서, 할 말 못할 말을 불어서 풀을 잔뜩 죽여 놓은 뒤에는 혹시 서방이 알면 경이 내릴까 하여 노자랑 밑천 푼을 주어서 배송을 낸다. 그러면 울며 겨자먹기로 삼보는 혼자 한숨을 쉬면서,

"허허, 실상 지금 세상에는 섣부른 ×알보다는 계집 편이 훨씬 나니라."

하고, 봇짐을 짊어지고 가 버린다.

3

이렇게 이삼 년을 지내고 난 어느 가을에 삼돌이란 놈이 그 뒷집 머슴으로 왔는데, 놈이 어느 곳에서 어떻게 빌어먹던 놈인지는 모르나 논 맬 때 콧소리나마 아리랑타령 마디나 똑똑히 하고 술잔이나 먹을 줄 알며, 동료들 가운데 나서면 제법 구변이나 있는 듯이 떠들어젖히는 것이 그럴듯하고, 게다가 힘이 세어서 송아지 한 마리 옆에 끼고 개천 뛰기는 밥먹듯 하는 까닭에 동리에서는 호랑이 삼돌이로 이름이 높다.

놈이 음침하여, 오던 때부터 동리 계집으로 반반한 것은 남모르게 모두 건드려 보았으나 안협집 하나가 내내 말을 듣지 않으므로 추근추근 귀찮게 구는데, 마침 여름이 되어 자기 집 주인 마누라가 누에를 놓고 혼자는 힘이 드니까 안협집을 불러서 같이 누에를 길러 실을 낳거든 반분하자는 약속을 한 후 여름내 같이 누에를 치게 된 것을 알고 어떤 틈 기회만 기다리며,

"흥, 계집년이 배때가 벗어서 말쑥한 서방님만 얼르더라. 어디 두고 보자. 너도 깩소리 못 하고 한번 당해야 할걸! 건방진 년!"
하고는 술잔이나 취하면 주먹을 들었다 놓았다 한다.

그러자 집주인 마누라가 치는 누에가 거의 오르게 되자 뽕이 떨어졌다. 자기 집 울타리에 심은 뽕은 어림도 없이 다 따다 먹이었고, 그 후에는 삼돌이란 놈을 시켜서 날마다 십 리나 되는 건넛말 일가집 뽕을 얻어다 먹이었으나 그것도 이제는 발가숭이가 되게 되었다. 인제는 뽕을 사다 먹이는 수밖에 없게 되었다. 그러나 사다가 먹이자면 돈이 든다. 주인 노파는 담뱃대를 물고서 생각하여 보았다.

'개량 뽕이 좋기는 좋지마는 돈을 여간 받아야지. 그리고 일일이 사

서 먹이려다가는 뽕값으로 다 들어가고 남는 것이 어디 있나.'

노파 생각에는 돈 한푼 안 들이고 공짜로 누에를 땄으면 좋을 것이다. 돈 한푼을 들인다 하면 그 한푼이 전 수확에서 나오는 이익의 전부같이 생각되어 못 견디었다. 그뿐 아니라 자기 혼자 이익을 먹는 것 같으면 모르거니와 안협집하고 동사로 하는 것이므로 안협집이 비록 뼈가 부서지도록 일을 한다 하더라도 그 힘이 자기 주머니에서 나가는 돈 한푼만 못해 보인다. 그래서 뽕을 어떻게 공짜로, 돈 안 들이고 얻어 올 궁리를 하고 있다가 안협집이 마침 마당으로 들어서매,

"뽕 때문에 일 났구려."

하며 안협집에게 무슨 도리가 없느냐고 물어보았다.

"글쎄."

안협집 생각은 주인의 마음과 또 달라서 남의 주머니 돈 백 냥이 내 주머니 돈 한 냥만 못하다. 그래서 '돈 주면 살걸' 하는 듯이 심상하게 있다.

"어떻게 해서든지 구해 와야지."

서로 얼굴만 쳐다볼 때, 들에 나갔던 삼돌이란 놈이 툭 튀어 들어오다가 이 소리를 듣더니 제딴은 동정하는 표정으로,

"그것 일 났쇠다. 어떻게 하나……."

한참 허리를 짚고 생각을 해 보더니,

"형! 참 그 뽕은 좋더라마는 똑 되기를 미선 조각같이 된 놈이 기름이 지르르 흐르는데 그놈을 먹이기만 하면 고치가 차돌같이 여물 거야!"

들으라는 말인지 혼잣말인지는 모르나 한 마디를 탁 던지고 말이 없다. 귀가 반짝 띈 주인은,

"어디 그런 것이 있단 말이야?"

하며 궁금증 난 사람처럼 묻는다.

"네, 저 새술막에 있는 뽕밭에 있는 것 말씀이요."

혹시 좋은 수가 있나 하다가 남의 뽕밭, 더구나 그것으로 살아가는 양잠소 뽕이라, 말씨름만 하는 것이 될 것 같으므로,

"응! 나도 보았지, 그게 그렇게 잘 되었나? 잘 되었겠지. 그렇지만 그런 것이야 짐으로 있으면 무엇하나."

"언제 보셨어요?"

"보기야 여러 번 보았지. 올봄에 두릅 따러 갔다가도 보고."

삼돌이란 놈이 한참 있다가 싱긋 웃더니 은근하게,

"쥔마님! 제가 뽕을 한 짐 져다 드릴 것이니 탁주 많이 먹이시렵니까?"

듣던 중에도 그렇게 반가운 소리가 또 어디 있으랴.

"작히 좋으랴. 따 오기만 하면 탁주에다 젓이라도 담그마."

귀찮스런 삼돌이도 이런 때는 쓸 만하다는 듯이 안협집도 환심 얻으려는 듯한 웃음을 웃으며 삼돌이를 보았다. 삼돌이는 사내자식의 솜씨를 네 앞에 보여 주리라 하는 듯이 기운이 나며 만족하였다.

그날 밤 저녁을 먹고 자정때나 되었을 때, 삼돌이는 눈을 비비며 일어나서 문밖으로 나갔다. 나갔다가 한 두어 시간 만에 무엇인지 지고 오더니 그것을 뒤꼍 건넌방 뒤 창 밑에 뭉뚱그려 놓았다.

이튿날 보니까 딴은 미선쪽 같은 기름이 흐르는 뽕잎이었다.

"어디서 났을꼬?"

주인하고 안협집은 수군수군하였다.

"그 녀석이 밤에 도둑질을 해 온 게지? 뽕은 참 좋소, 그렇지?"

"참 좋쇠다. 날마다 이만큼씩만 가져오면 넉넉히 먹이겠쇠다."

두 사람은 뽕을 또 따 오지 않을까 보아서 아무 말도 아니하고,

"참 뽕 좋더라. 오늘도 좀 또 따 오렴."

하고 충동인다. 놈은 두 손을 내저으며,

"쉬, 떠드시지 맙쇼. 큰일나죠. 그것이 그렇게 쉬워서야 그 노릇만 하게요. 까땍하다가는 다리 마디가 두 동강 날걸요."

도둑해 온 삼돌이나 받아들인 두 사람이나 도둑질했소! 하는 말은 없으나 서로 알고 있다.

그러자 하루는 주인이 안협집더러,

"여보, 이번에는 임자가 하루 저녁 가 보구려. 그 놈이 혹시 못 가게 되더래도 임자가 대신 갈 수 있지 않수. 또 고삐가 길면은 바래인다구 무슨 일이 있을는지 모르니 임자가 둘이 가서 한몫 많이 따 오는 것이 좋지 않수."

안협집이 삼돌이를 꺼리는 줄 알지마는 제 욕심에 입맛이 달아서 자꾸자꾸 충동인다.

"따다가 잡히면 어찌하구요."

"무얼! 밤중에 누구 알우? 그리고 혼자 가라오, 삼돌이란 놈하고 가랬지."

"글쎄, 운이 글러서 잡히거나 하면 욕이지요."

잡히는 것보다도 안협집의 걱정은 보기도 싫은 삼돌이란 녀석하고 밤중에 무인지경을 가라니 그것이 딱한 일이다.

안협집의 정조가 헤프기도 유명한 만큼 또 매몰스럽기도 유명하여 한번 맘에 들지 않는 것은 죽어도 막무가내다. 그것은 만 냥 금을 주어도 거들떠보지도 아니한다. 그런데 삼돌이가 그 중에 하나를 참여하여 간장을 태우는 모양이다.

안협집은 생각하여 결심해 버렸다.

'빌어먹을 녀석이 그 따위 맘을 먹거든 저 죽이고 나 죽지. 내 기운은 없어도……'

하고 쌀쌀하게 눈을 가로뜨고 맘을 다가먹었다.

그리고는 뽕을 따러 가기로 하였다.

삼돌이는 어깨에서 춤이 저절로 추어진다.

"얘, 이것이 정말인가, 거짓말인가? 이제는 때가 왔구나. 인제는 제가 꼭 당했지."

놈이 신이 나서 저녁 먹고 마당 쓸고, 소여물 주고, 도야지, 병아리 새끼 다 몰아넣고, 앞뒤로 돌아다니며 씻은 듯 부신 듯 다 해 놓고, 목물하고 발 씻고, 등거리 잠방이까지 갈아입은 후, 곰방대에 담배를 꾹꾹 눌러 듬뿍 한 모금 내뿜으며 시간 오기만 기다린다.

4

안협집은 보자기를 가지고 삼돌이를 따라서 뽕밭을 향하여 간다.

날이 유달리 깜깜하여 앞의 개천까지 자세히 보이지 않는다. 돌부리가 발부리를 건드리면 안협집은 에구 소리를 내며 천방지축으로 다리도 건너고 논이랑도 지나고 하여 길 반쯤 왔다.

삼돌이란 놈은 속으로 궁리를 하였다.

'뽕을 따러 가기 전에 논이랑으로 끌고 가……? 아니지, 그러다가는 뽕두 못 따 가지고 오면 어떻게 하게…… 저도 열녀가 아닌 다음에야 당하고 나면 할 말 없지. 아주 그런 버릇이 없는 년 같으면 모르거니와…… 옳지, 수가 있어, 뽕을 잔뜩 따서 이어 주면 제가 항우의 딸년이라고 한 번은 중간에서 쉬렷다. 그러거든…….'

이렇게 궁리를 하다가 너무 말이 없으니까 심심파적도 될 겸 또는 실없이 농담도 좀 해서 마음을 좀 떠 보아 나중 성사의 전제도 만들어 놓을 겸 공연히 쓸데없는 말을 지껄인다.

"삼보는 언제나 온답데까?"

"몰라, 언제는 온다 간다 말이 있어 다니나."

"그래 영감은 밤낮 나돌아다니니 혼자 지내기 쓸쓸치 않소?"

놈이 모르는 것같이 새삼스럽게 시치미를 뗀다.

"별걱정 다 하네, 어서 앞서 가, 난 길이 서툴러 못 가겠으니……."

"매우 쌀쌀하구려. 나는 님자를 위해서 하는 말인데. 그렇지만 김 참봉 아들이란 쇠귀신 같은 놈이라 아무리 다녀도 잇속 없습네. 내 말이 그르지 않지."

안협집은 삼돌이가 아주 터놓고 말을 하는 것을 들으니까 분해서 뺨이라도 치고 싶었으나 그대로 참으며,

"무엇이 어째? 말이라면 다 하는 줄 아는군."

하고, 뒤로 조금 떨어져 걸어갈 제, 전에도 그 녀석이 미웠지마는 남의 약점을 들어 가지고 제 욕심을 채우려는 것이 더 더러웠다.

뽕밭에 왔다. 삼돌이란 놈이 철망으로 울타리한 것을 들어 주어 안협집이 먼저 들어가고 나중으로 삼돌이란 놈은 그 무거운 다리를 성큼하여 안으로 들어갔다. 들어가다가 발끝에 삭정이 가지를 밟아서 딱, 우지끈 소리가 나고 조용하였다.

삼돌이는 손에 익어서 서슴지 않고 따지마는 안협집은 익지도 못한데다가 마음이 떨리고 손이 떨려서 마음대로 안 된다.

삼돌이는 뽕을 따면서도 이따가 안협집을 꾈 궁리를 하지마는 안협집은 이것 저것을 잊어버리고 손에 닥치는 대로 뽕을 땄다.

얼마쯤 땄다. 갑자기 안협집의 뒤에서,

"누구야!"

하고, 범 같은 소리를 지르는 남자 소리가 안협집의 담을 서늘하게 하였다.

삼돌이란 놈은 길이나 되는 철망을 어느 결에 뛰어넘었는지 십여 간 통이나 달아나서 안협집을 불렀다.

"어서 와요! 어서, 어서!"

그러나 안협집은 다리가 떨려서 빨리 나와지지를 않는다. 그러나 죽을 힘을 다하여 달아나려고, 한아름 잔뜩 따 넣었던 뽕을 내던지고 철망으로 기어나오기는 나왔으나 치맛자락이 걸려서 잡아당긴다. 거기에 더 질겁을 해서 그대로 쭉 찢고 나오려 할 때, 때는 이미 늦었다. 뽕 지키던 남자는 안협집을 잡았다.

"이 도둑년! 남의 뽕을 네 것같이 따 가? 온 참, 이년, 며칠째냐, 벌써? 이렇게 남의 것이라고 건깡깽이로 먹으면 체하지 않을 줄 알았더냐? 저리 가자."

안협집은,

"살려 주소, 제발 잘못했으니 살려만 주오. 나는 오늘이 처음이오. 저 삼돌이란 놈이 날마다 따 가지 나는 죄가 없쇠다."

하고, 손이 발이 되도록 빈다.

"듣기 싫어, 이년아! 무슨 변명이냐. 육시를 하고도 남을 년 같으니. 왜, 감옥소의 콩밥 맛이 고소하더냐?"

"그저 잘못했습니다."

삼돌이는 보이지 않고 뽕지기는 안협집 손목을 끌고 뽕밭으로 들어갔다.

"이리 와! 외양도 반반히 생긴 년이 무엇이 할 게 없어 뽕서리를 다녀."

하더니 성냥불을 그어 대고 안협집을 들여다보더니,

"흥!"

의미 있는 웃음을 웃어 버렸다.

안협집은 이 웃음에 한 가닥 희망을 얻었다. 그 웃음은 안협집의 손아귀에 자기를 갖다 쥐어 준다는 웃음이다. 안협집은 따라서 방싯 웃었다. 그 웃음 한 번이 넉넉히 뽕지기의 마음을 반 이상이나 흰 죽 풀어지게 하였다.

안협집은 끌려갔다.

'제가 철석 같은 간장을 가진 놈이 아닌 바에…… 한 번이면 놓아 줄걸.'

그는 자기의 정조를 팔아서 자기의 죄를 면할 수 있음을 알았다.

그는 마지못하는 체하고 끌려갔다.

삼돌이란 놈은 멀리서 정경만 살피다가 안협집을 뽕지기가 데리고 가는 것을 보더니 두 눈에서 쌍심지가 돋았다.

"얘, 이놈이 호랑이 삼돌이를 모르는 모양이다. 그러나 대관절 어떻게 할 셈이냐? 이놈 안협집만 건드려 보아라. 정강마루를 두 토막에다 내놀 터이니. 오늘 밤에는 꼭 내 것이던 걸 그랬지. 어디 좀 가까이 좀 가 볼까?"

이제는 단판 씨름이라 주먹이 시비 판단을 하는 때이다. 다시 철망을 넘어서 들어갔다. 들어가서는 이곳 저곳 귀를 기울이더니 이 구석 저 구석으로 돌아다녀 보았다.

저쪽에서 인기척이 웅얼웅얼하더니 아무 말이 없다. 한 두서너 시간 그 넓은 뽕밭을 헤매고 또 거기 닿은 과목밭, 채마전, 나중에는 그 옆 원두막까지 가 보았다. 놈이 뽕나무밭 가운데 부풀덤불을 보지 못한 까닭이다.

그는 입맛만 다시면서 집으로 와서 주인에게 그 이야기를 했다.

노파의 눈이 등잔만해지더니 두 손, 두 다리가 사시나무 떨듯 한다.

"이거 일 났구나. 어쩌면 좋단 말이냐."

좌불안석을 할 제 삼돌이란 녀석은 분한 생각에 곰방대만 뚝뚝 떨고 앉았다.

5

그날 새벽에 안협집은 무사히 왔다. 머리에 지푸라기가 묻고 몸매무시가 말이 아니다.

"에그, 어떻게 왔어? 응?"

주인은 눈에 눈물이 괴어서 어루만진다.

"무얼 어떻게 와요? 밤새도록 놈하고 승강이를 하다가 그대로 왔지."

"그대로 놓아주던가?"

"놓아주지 않고, 붙잡아 두면 어찌할 테야?"

일이 너무 싱겁다. 삼돌이란 놈만 혼잣말처럼,

"내가 잡혔다면 콩밥을 먹었을걸, 여편네니까 무사했지."

주인은 그래도 미진해서,

"그래, 잘 놓아주었으니 다행이지. 그러나저러나 뽕은 어떻게 되었소?"

"아! 뺏겼죠!"

"인제는 아무 일 없겠소?"

"일이 무슨 일예요."

그날 밤에 삼돌이란 놈은 혼자 앉아서 생각하기를,

'복 없는 놈은 하는 수가 없거든. 그러나 내가 다 눈치를 채었으니까, 노름꾼놈이 오거든 일르겠다고 위협을 하면 년도 발이 저려서 그대로는 못 있지, 내 입을 안 막고 될 줄 아는 게로구면.'

그 후부터는 삼돌이란 놈이 안협집을 보고는,

"뽕지기놈을 보고 싶지 않습나?"

하고 오며 가며 맞대놓고 빈정대기도 하고 빗대놓고도 비웃는다.

"뽕이나 또 따러 가소."

이러는 바람에 온 동리에서 다 알았다. 안협집은 분해서 죽겠는데, 하루는 삼돌이란 놈이 막 안협집이 이불을 펴고 누우려는데 찾아와서 추근추근 가지도 않고,

"삼보 김 서방이 올 때도 되었습네그려."

하며 눈치를 본다. 안협집은 졸음이 와서 눈꺼풀이 뻣뻣하여 오는데 삼돌이란 놈이 가지도 않는 것이 귀찮아서,

"누가 아우. 오고 싶으면 오고 가고 싶으면 가겠지."

하고, 담벼락에 비스듬히 기대앉는다.

삼돌이의 눈에는 그 고단해하면서 비스듬히 누워서 눈을 감을락말락

한 안협집의 목덜미 살찌기며 볼그레한 두 볼이 몹시 정욕을 일으킨다.

그래서 차츰차츰 목소리가 음흉해 간다.

"님자는 사람을 너무 가려 봅디다. 그러지 마슈. 나도 지금은 남의 집 머슴놈이지마는 집안 지체라든지 젊었을 적에는 그래도 행세하는 집에서 났더라우. 지금은 그놈의 원수스런 돈 때문에 이렇게 되었지마는."

하고 말을 건네려 하는데 안협집은 별 시러베자식 다 보겠다는 듯이 대답이 없다.

"자, 그럴 것 있소. 오늘은 내 청을 한 번 들어 주소그려."

하고, 바싹 달려드는 바람에 반쯤 감았던 안협집의 눈은 똥그래지며 어느 결에 삼돌의 뺨에 손뼉이 올라가 정월에 떡치듯 철썩 한다.

"이놈! 아무리 쌍녀석이기로 이게 무슨 버르장머리냐. 냉큼 나가거라!"

하고 호령이 추상 같다. 삼돌이란 놈은 따귀를 비비면서 성이 꼭두까지 일어나서,

"무엇이 어쩌고 어째. 휑! 어디 또 한 번 때려 봐라."

일이 이렇게 되었으니 자기가 하려던 것은 이루고 마는 것이 상책이다. 이래도 소문은 날 것이고 저래도 소문은 날 것이니, 이왕이면 만족이나 채우고 소문이 나더라도 나는 것이 자기에게는 이로울 것 같았다.

더구나 안협집으로 말을 하면 온 동리에서 판박아 놓은 화냥년이니 한 번 화냥이나 두 번 화냥이나, 남이나 내가 무엇이 다를 것이 있으랴 하는 생각이 났다. 도리어 자기의 만족을 한번 얻는 것이 사내자식으로서 일종의 자랑인 것같이 생각되었다.

그는 두 팔로 안협집을 힘껏 끼어안고,

"내가 호랑이 삼돌이다! 네가 만일 내 말을 들으면 무사하지만 그렇

지 않으면 그대로 두지 않을 터이야! 네 남편이 오기만 하면 모조리 꼬아바칠 터이야! 뽕 따러 갔던 날 일까지 모조리!"

무식한 놈이라 야비한 곳이 있다. 안협집은 그 소리가 얼마나 사내답지 못하였는지 알 수 없었다. 쇠 같은 팔이 자기 허리를 누를 때 눈을 감고 한번만 허락할까 하려다가 그 말을 듣고서 고만 침을 얼굴에 뱉었다.

"이 더러운 녀석! 네가 그까짓 것으로 나를 위협한다고 말을 들을 줄 아니."

하고, 소리를 질렀다. 삼돌이는 손으로 안협집 입을 막았으나 때는 늦었다. 마침 마을 다녀오던 이장의 동생이 이 소리를 듣고 문을 열었다.

삼돌이란 놈은 무안해서 얼굴이 붉어지며 안협집을 놓았다. 안협집은 분해서 색색거리며,

"저놈 보시오. 아닌 밤중에 혼자 자는데 와서 귀찮게 굽니다. 저 죽일 놈이요. 좀 끌어내다 중치를 좀 해 주시오."

이장의 동생은 안협집의 행실을 아는 고로 삼돌이만 보내려고,

"이놈이 할 일이 없거든 자빠져 자기나 하지, 왜 아닌 밤중에 남의 계집의 방에서 지랄야? 냉큼 네 집으로 가거라!"

두 눈이 등잔만하여진다.

"네, 그런 게 아니라 실없이 기롱을 좀 했삽더니……."

"딛기 싫어! 공연히 어름어름하면서, 이놈아 너는 사람을 죽여도 기롱으로 아느냐?"

삼돌이는 쫓겨났다. 이장의 동생은 포달을 부리며 푸념을 하는 안협집을 향하여,

"젊은것이 늦도록 사내녀석들을 방에다 붙이니까 그런 꼴을 당하지."

"누가요?"

"고만둬! 어서 잠이나 자."

하며 문을 닫아 주고 나가 버렸다.

6

삼돌이는 앙심을 먹었다. 안협집을 어떻게 해서든지 한번 곯리리라는 생각이 가슴속에 탱중하였다. 안협집은 독이 났다. 삼돌이란 놈 분풀이를 하려는 생각이 머리끝까지 올라왔다.

이튿날 동리에 소문이 났다.

"삼돌이란 놈이 뺨을 맞았다지! 녀석이 음침하니까."

"그렇지만 계집년이 단정하면 감히 그런 맘을 먹을라구."

"그렇구말구! 제 행실야 판에 박은 행실이니까."

"제가 먼저 꼬리를 쳤던 게지."

이 소리가 바람에 떠돌아오자 안협집은 분하였다. 요조숙녀보다도 빙설 같은 여자인데, 이런 누추한 소문을 듣는 것 같았다. 맘에 드는 서방질은 부정한 일이 아니요, 죄가 아니요, 모욕이 아니나, 마음에 없는 놈에게 그런 소리를 듣고 당하는 것은 무서운 모욕 같았다.

그는 그길로 삼돌의 주인 마누라에게로 갔다.

"삼돌이란 놈을 내쫓으소."

주인은 벌써 알아채었으나 안협집 편은 안 들었다. 다만 어루만지는 수작으로,

"무얼 내쫓을 것까지 있소. 그만 일에…… 그저 눈감아 두지."

"왜 눈을 감는단 말이오?"

주인은 속으로 웃었다.

'소 한 필을 달라면 줄지언정 삼돌이를 내 놔?' 하였다.

"내쫓아선 무얼 하우, 또."

'어림없는 년! 네가 떠들면 떠들수록 네 밑구멍 들춰서 남 보이는 것이라' 는 듯이 치어다보며 맨 나중으로 아주 잘라 말을 해 버렸다.

"나는 못 내보내겠소."

안협집은 분해서 집에 와서 머리를 쥐어뜯으며 울었다. 그리고 또 결심했다.

"두고 봐라. 너희들까지 삼돌이를 싸고도니! 영감만 와 봐라."

하루는, 딴은 영감이 왔다. 안협집은 곤두박질을 하면서 맞았다.

"에구, 어서 오슈."

노름꾼 김삼보는 눈이 뚱그레졌다. 무슨 큰 좋은 일이나 생긴 것 같았다. 딴 때와 유달리 반가워하는 것이 의심스럽고 이상하였다.

방에 들어앉자마자 얼마나 땄느냐는 말도 물어보지 않고 삼돌이란 놈에게 욕당할 뻔하였다는 말을 넋두리하듯 이야기하였다.

"사람이 분해서 죽겠구려. 이것도 모두 영감 잘못 둔 탓이야. 오죽 영감이 위엄이 없어 보이면 그 따위 녀석이 그런 짓을 할라고…… 영감이라고 있으나 없으나 마찬가지지, 일 년 열두 달 계집이 죽거나 살거나 내버려 두고 돌아만 다니니까……."

영감은 픽 웃었다.

"왜 내 잘못인가? 오죽 행실을 잘 가지면 그 따위 녀석에게 그 꼴을 당한담."

김삼보는 분이 나지 않는 것도 아니었다. 그러나 계집의 소행을 짐작도 하려니와 그놈의 주먹도 아니 생각할 수가 없었다. 계집이 먹여 살리라는 말이 없고 이혼하자는 말만 없는 것이 다행해서 서방질을 해도 눈을 감아 주고 무슨 짓을 하든지 그저 코대답만 하여 주던 터이라 그런 소리가 귓전으로 들릴 뿐이다.

"내가 행실 잘못 가진 게 무어요?"

안협집은 분풀이라도 하여 줄 줄 알았더니 도리어 타박을 주므로 분한 데 악이 났다.

"글쎄 무어야! 무엇? 어디 대 봐요! 임자가 내 행실 그른 것을 보았소? 어디 보았거든 본 대로 말을 하시우."

딴은 김삼보는 집어서 말할 것이 없었다. 그는 그저 그런 눈치만 채었지, 반박할 증거는 잡은 것이 없다.

"본 거나 다름없지!"

"무엇이 본 거나 다름없어? 일 년 열두 달 계집이 죽거나 살거나 내버려 두었다가 이제 와서 한다는 소리가 그것밖에 없어? 살기가 싫거든 그대로 살기 싫다고 그래, 사내답게. 왜 고만 냄새가 나지? 또 어디다가 계집을 얻어 논 게지."

"이년이 뒈지지를 못해서 기를 쓰나?"

"그렇다, 이놈아! 네까짓 녀석 아니면 서방 없을까 봐 그러니, 더러운 녀석!"

김삼보의 주먹은 안협집의 등줄기를 후렸다.

"이년, 그래도 잔소리야! 주둥이 좀 닫치지 못하겠니……."

이렇게 서로 툭탁거리며 싸우는 판에 뒷집에서 삼돌이란 놈이 이 소리를 듣고서 가장 긴한 체하고 달려왔다.

"삼보 김 서방 언제 오셨소?"

하고, 마당에 들어섰다. 김삼보는 그놈의 상판을 보자 참았던 분이 꼭두까지 올라온다. 삼돌이는 제법 웃음을 띠며,

"허허, 오래간만에 만나셔서 내외분 싸움이 웬일이시우?"

어디서 한잔을 하였는지 얼굴이 불쾌하다.

김삼보는 눈을 흘겨 뚫어지도록 삼돌이를 치어다보았다.

"이놈아! 남이사 내외 싸움을 하든 말든 참견이 무어야!"

삼돌이란 놈은 주춤하였다. 그는 비지 같은 눈곱이 낀 눈을 꿈벅꿈벅하더니,

"그렇게 역정내실 것 무엇 있수. 말 좀 했기로……."

"이놈아, 네가 아랑곳할 게 무어야?"

"아랑곳은 할 것 없어도 흥정은 붙이고 싸움은 말리랬으니까 말이오. 나는 싸움 좀 못 말린단 말이오?"

하고, 술냄새를 풍기며 다가앉는다.

"이놈아, 술을 먹었거든 곱게 삭여!"

이번에는 삼돌이란 놈이 빌붙는다.

"나 술 먹고 어찌하든 김 서방이 관계할 게 무어요?"

"이놈아! 남의 내외 싸움에 참견을 하니까 그렇지."

주고받다가 삼돌이의 멱살을 김삼보가 쥐었다.

"이 녀석, 네가 무슨 뻔뻔으로 이따위 수작이냐? 내 계집 이놈 왜 건드렸니?"

삼돌이는 조금 발이 저렸으나 속으로 흥 하고 웃었다.

"요까짓 게 누구 멱살을 쥐어? 앙징하게……."

하더니 김삼보의 팔을 잡아 마당에다가 내려 갈기니 개구리 떨어지듯 캑 한다.

"요놈의 자식아! 내 말을 좀 들어 보고 말을 해! 네 계집 흠절을 모르고 뎀비기만 하면 강산이냐? 이 동리 반반한 사내양반 쳐놓고 네 계집 건드리지 않은 놈이 없다. 이놈! 꼭 집어 말을 하라면 위에서 아래로 내리 섬기마. 이놈, 너도 계집 덕분에 노잣냥, 노름 밑천푼 좋이 얻어 썼지. 그래 집이라고 오면서 볼 받은 것이나마 옥양목 버선벌이나 얻어 가지고 가는 것은 모두 어디서 나온 것으로 아니? 요 땅딸보

오리 궁둥아! 아무리 속이 밴댕이 같기로…… 그리고 또 들어 봐라.
나중에는 주워먹다 못해서 뽕지기까지 주워먹었다."

안협집이 파래서 달려든다.

"이놈! 네가 보았니?"

"보나 안 보나 일반이지."

"이 녀석, 네 말을 듣지 않으니까 된 말 안된 말 주둥이질을 하는구
나."

동리 사람들이 모여들었다. 안협집은 삼돌이에게 발악을 하고 김삼보
는 듣고만 있다.

한참 있더니 듣다듣다 못 참는 듯이 삼돌이란 놈이 안협집에게로 달
려들며,

"이년이 뒈지려고 기를 쓰나?"
하고 주먹을 들었다.

동리 사람들이 호령을 하고 말렸다.

"이놈! 저리 얼른 가거라!"

삼돌이는 변명을 하며 뻗딩겼다. 그러나 여러 사람에게 끌려 저리로
가 버렸다.

사람이 헤어지자 노름꾼은 계집의 머리채를 잡았다.

그는 삼돌이에게 태질을 당한 것이 분하였다. 그뿐 아니라 그렇게까
지 계집년의 행실을 온 동리에서 아는 것이 분하였다.

"이년! 더러운 년! 뽕밭에는 몇 번이나 나갔니?"

발길로 지르고 주먹으로 패고 머리채를 잡아당기고 땅에다 질질 끌었
다. 그는 이를 갈고 어쩔 줄을 몰랐다. 계집은 울고 발버둥질을 쳤다.

"죽여라! 죽여!"

"그럼 살려 줄 줄 아니? 이년! 들어앉아서 하는 게 그런 짓밖에는 없

어?"

김삼보는 자기의 무딘 팔다리가 계집의 따뜻하고 연한 몸에 닿을 때에 적지 않은 쾌감을 느끼었다. 그는 그럴수록 더욱 힘을 주어 저리도록 속에 숨겨 있던 잔인성이 북받쳐 올라왔다.

맞은 안협집은 당장에 죽을 것 같았다. 그는 생각하기를 이왕 이리 된 바에야 모두 말해 버리고 저하고 갈라서면 고만이지 언제는 귀밑머리 풀고, 사주단자 보내고, 사당에 예배드린 내외냐. 저는 저고 나는 난데, 왜 이렇게 때리노? 하는 맘이 나며,

"이것 놔라! 내 말하마!"

하고 머리를 붙잡았다.

"뽕밭에는 한 번밖에 안 갔다. 어쩔 테냐?"

삼보는 더욱 머리채를 잡아챘다.

"이년! 한 번?"

이번에는 더 때렸다. 안협집은 말한 것이 후회가 났다. 삼보는 그래도 거짓말을 한다고 그래도 엎어 놓고 짓밟았다. 안협집은 기절을 하였다. 삼보는 귀로 안협집의 숨소리를 들어 보았다. 그러나 숨소리가 없다. 그는 기겁을 하여 약국으로 갔다. 그의 팔다리는 떨렸다. 그가 의사에게서 약을 지어 가지고 왔을 때 안협집은 일어나 앉아 있었다. 삼보는 반갑기도 하고 분하기도 하여 약을 마당에 팽개쳤다. 그리고 밤새도록 서로 말이 없었다.

이튿날은 벙어리들 모양으로 말이 없이 서로 앉아 밥을 먹고, 서로 앉아 치어다보고, 서로 말만 없이 옷도 주고 받아 갈아입고, 하루를 더 묵어 삼보는 또 가 버렸다. 안협집은 여전히 동리 집 공청 사랑에서 잠을 잤다. 누에는 따서 30원씩 나눠 먹었다.

꿈

1

자기 스스로도 믿지 못하는 일을 때때로 당하는 일이 있다. 더구나 오늘과 같이 중독이 되리만큼 과학이 발달되어 그것이 인류의 모든 관념을 이룬 이 때에 이러한 이야기를 한다 하면 혹 웃음을 받을는지는 알 수 없으나, 총명한 체하면서도 어리석음이 있는 사람이 아직 의심을 품고 있는 이러한 사실을 우리와 같은 사람이 쓴다 하면 헤브라이즘과 헬레니즘, 서로 반대되는 끝과 끝이 어떠한 때는 조화가 되고 어떠한 경우에는 모순이 되는 이 현실 세상에서 아직 우리가 의심을 품고 있는 문제를 여러 독자에게 제공하여 그것을 해석하고 설명해 내는 데 도움이 되거나 그렇지 않으면 아주 사실을 부인하여 버리게 되고, 또는 그렇지 않음을 결정해 낼 수 있다 하면 쓰는 사람이나 읽는 이의 해혹이 될까 하는 것이다.

이러한 사실을 믿거나 믿지 않거나 그것은 해석하는 이의 마음대로 할 것이요 쓰는 이의 관계할 바가 아니니, 쓰는 이는 문제를 제공하는 것이 그것을 해석하는 것보다 더 큰 천직인 까닭이다.

더구나 이야기는 실지로 당한 이가 있었고 또는 쓰는 나도 믿을 수가 없고 아니 믿을 수도 없는 까닭이다.

2

 내가 열아홉 살이 되던 해다. 세상에는 숫자를 무서워하는 습관이 있어 우리 조선서는 석 삼자와 아홉 구자를 몹시 무서워한다. 석 삼자는 귀신이 붙은 자라 해서 몹시 꺼리며 아홉 구자, 즉 셋을 세 번 곱한 자는 그 석삼 자보다도 더 무서워한다. 더구나 연령에 들어서 그러하니 아홉 살, 열아홉 살, 스물아홉 살, 서른아홉 살…… 이렇게 아홉이라는 단수가 붙은 해를 몹시 경계한다. 그래서 다만, 홀어머니의 외아들인 나는 열아홉 살이 되는 날부터 마치 죽을 날이나 당한 듯이 무서움과 조심스러움으로 그날 그날을 지내지 않으면 안 되었다.

 이 곳에서 저 곳을 떠날 일이 있어서도 방위를 보고, 벽에 못 하나를 박아도 손을 보며, 생일 음식을 먹으려 하여도 부정을 염려하며, 더구나 혼인 참례나 조상집에는 가까이 하지도 못하였으며, 일동 일정을 재래의 미신을 따라서 하지 않은 것이 없었다.

 하다못해 감기가 들어서 누웠더라도 무당과 판수가 푸닥거리와 경을 읽었다.

 나는 어릴 때이라 그렇게 구속적이요 부자유한 법칙을 지키기도 싫었을 뿐 아니라, 그 때 동리에 있는 보통학교에를 다닐 때이므로 어머니의 말씀과 또는 하시는 일을 어리석다 해서 여간한 반대를 하지 않은 것이 아니었다. 그러나 그것이 어리석은 일인 줄을 알고 자기도 그것이 옳지 않은 일인 줄은 알면서도 그것을 단단히 믿지 않을 수는 없었다. 제사 음식이 눈에 보이면 거기 귀신이 붙은 것 같기도 하여 어째 구미가 당겨지지를 아니하고, 길에서 상여를 만나면 하루 종일 자기 생명이 위태한 것 같아서 아니 본 것만 못하였다. 장님을 보면 돌아가고 예방

해 내버린 것을 볼 때는 자연히 침을 뱉었다.

쉽게 말하면 이 무서운 인습적 미신을 완전히 깨뜨려 버릴 수가 없다는 말이다.

3

나는 지금 그 때를 돌아보면 여러 가지 행복을 아니 느낄 수가 없다.

아버지가 끼쳐 주고 돌아가신 넉넉한 재산과 따뜻한 어머니의 자애로 무엇 하나 불만족한 것이 없이 소년 시대를 지내 오며, 따라서 백여 호밖에 되지 않는 촌락에서 가장 재산이 있고 문벌 있는 얌전한 도령님으로 지내던 생각을 하면 고전적 즐거움을 아니 느낄 수가 없다.

더구나 지금도 거울을 앞에 놓고 내 얼굴을 들여다보면 그 때에 보르통하고 혈색 좋던 얼굴의 흔적은 숨어 버리었으나, 잘 정제된 모습이라든지 정기가 넘치는 눈이라든지 살적이 뚜렷한 이마라든지, 웃음이 숨은 듯 나타나는 입 가장자리에 날씬날씬한 팔다리와 가는 허리를 아울러 생각하면 어디를 내놓든지 귀공자의 태도가 있었다.

그래서 동리에서는 나를 사위를 삼으려는 사람이 퍽 많았었다. 하루에도 중매를 들려고 오는 사람이 두셋씩 있을 때가 많아서 그 사람들은 서로 눈치들만 보고 서로 말하기를 꺼려 그대로 돌아간 일이 한두 번이 아니었다.

그래서 어머니는 어느 것을 택해야 좋을는지 몰라서 적잖이 헤매신 모양이요 또는 그 까닭으로 열네 살부터 말이 있던 혼인이 열아홉 살이 되도록 늦어진 것이다.

4

동리 처녀들 중에 내 말을 듣거나 또는 담 틈으로나 울 너머로 나를 본 처녀는 모두 나를 사모하게 되었던 모양이다.

우리 집에서 셋째 집 건너편에 있는 열여덟 살 먹은 처녀 하나는 내가 학교를 갈 적이나 집으로 돌아올 적에는 반드시 문틈으로 내가 지나가기를 기다리는 것을 나는 본 일이 있었다. 어떠한 날은 대담하게도 내가 지나가기를 기다려 자기의 노랑 수건을 내 앞에 던진 일까지 있었다. 또 어떤 처녀 하나는 자기 부모에게 자기가 나를 사모한단 말을 하여 직접 통혼까지 한 일이 있었으나, 그 집안 문벌이 얕다는 이유로 어머니에게 거절을 당한 후에 그 여자는 병이 들었더니, 그 후에 다른 데로 시집을 갔다고 할 적에는 나는 공연히 섭섭한 일도 있었다.

그 중에 가장 내가 귀찮게 생각한 것은 우리 동리에서 조금 떨어진 곳에 주막이 하나 있었는데, 그 주막에 술 파는 여자가 나에게 반하였던 것이다. 그것도 내가 학교에 가는 길가에 있는 곳인데, 하루는 학교에서 운동을 하고 집에 돌아오는 길에 어떻게 목이 말랐던지 일상 어머니가 '물 한 그릇이라도 남의 집에서 먹지 말라.'는 경계를 어기고 그 주막에 들러서 그 술 파는 여자에게 물 한 그릇을 얻어먹은 일이 있었다. 그 여자란 것은 나이가 스물두서넛이 되어 보이는 남편이 있는 여자인데, 눈이 크고 검으며 살이 검누르고 퉁퉁한 여자로 사람을 보면 싱글싱글 웃는 버릇이 있어 얼핏 보면 사람이 좋아 보이지마는 어디인지 음침한 빛이 있다.

그 이튿날 나는 무심히 그 주막 앞을 지나려니까 그 여자는 나를 보고 싱글 웃었다. 그날 저녁에도 싱글 웃었다. 그 웃음이 어떻게 야비한

지 나는 그 웃음을 잊으려 하였으나 잊으려 하면 더 생각이 나서 못 견디었다.

그렇지만 그 앞을 아니 지날 수가 없어서 그 웃음을 보지 않으려고 고개를 돌리고 지나간 지 이틀 만에 그 여자는 내가 학교에서 돌아오기를 기다렸던지 문간에 나섰다가 나를 불렀다.

나는 질겁을 하여 머리끝이 으쓱하였다.

"여보시소, 서방님네."

"왜 그러는고?"

나는 돌아보며 물었다.

"사내가 와 그렇게 무정게계요?"

나는 사면을 둘러보았다. 그 말하는 그 사람은 그만두고 그 말을 듣는 내가 몹시 더럽고 부끄러운 것 같은 까닭이었다. 나는 아무 말도 못하고 그대로 돌아서 가려 하니까, 그 여자는 나의 손목을 잡아끌고 자기 집으로 끌고 들어가려 하였다. 그는

"술이나 한잔 자시고 가시소."

하며 잡아다녔다. 술? 나는 말만 들어도 해괴하였다. 학교 규칙, 어머니, 학생, 계집, 주정, 음란, 이 모든 것이 번득번득 연상이 되어서 온몸이 떨렸다.

"이 손 못 놓겠는게요?"

나는 손을 뿌리쳤다. 그리고

"나는 학생이래서 술 못 먹는지러."

하고 뒤로 물러서며

"나중에는 얄궂은 일을 다 당하는게로."

하며 앞만 보고 달려왔다.

집에 와서는 얼른 손을 씻어 그 여자의 손때를 떨어 버리고 옷까지

바꾸어 입었다. 그 음탕한 눈이며 살 냄새가 눈에 보이고 코에 맡히는 것 같아서 못 견디었다.

5

그 후부터는 그 길로 학교를 갈 수가 없어서 길을 돌아가는 수밖에 없었다. 그 전 길로 가면 오 리밖에 되지 않는 길을 십 리나 되는 산길을 돌아다녔다.

그런데 다행히 그 길 중턱에는 우리 집 논이 있고 그 논 옆에는 우리 마름이 살므로 적이 안심이 되었다.

첫날 그 집 앞을 지날 때 나는 주인 된 자격으로라고 하는 것보다도 반가운 마음으로 그 집에를 들어가지 않을 수가 없었다. 처음에 그 집

싸리짝 문을 들어서니 집 안이 너무 적적하였다. 이십 년 동안이나 우리 집 땅을 부쳐먹는 사람 좋은 늙은 마름도 볼 수가 없고 후덕스러워 보이는 그의 마누라도 볼 수가 없다. 하다못해 늙은 개까지도 볼 수가 없었다.

나는 의아하여 고개를 기웃기웃하려니까 그 집 봉당 방문이 열리며 기웃이 고개를 내미는 사람은 그 집 딸인 임실이었다. 임실이는 어렸을 때 앞치마 하나만 두르고 발바닥으로 어머니를 따라서 우리 집에 드나든 일이 있으므로 나는 그 얼굴을 잘 알뿐더러 어려서는 같이 장난까지 한 일이 있었다. 그러나 근 삼 년이나 보지를 못하였다.

어렸을 적에 볼 때에는 머리가 쥐꼬리 같고 때가 덕지덕지하며 코를 흘리던 것이 지금 보니까 제법 머리를 치렁치렁 발뒤꿈치까지 따 늘이고 얼굴에 분칠을 하였는데 때가 쑥 빠졌다.

그는 반가웁다는 뜻인지 생긋 웃고 나를 보며 어서 오라는 듯이 나를 치어다보았다. 그리고는 아무도 없는데 온 것이 미안한 듯이 황망해하며 어떻게 이 갑작스러웁게 방문한 주인댁 도령님을 맞아야 좋을지 모르는 모양이다.

"죄다 어데 간는?"

나는 상전의 아들이 하인의 딸에게 향하는 태도로 물었다. 그는

"들에 나갔는게로."

하며 다시 한 번 나를 곁눈으로 살펴보았다.

길게 있을 시간도 없거니와 이따가 하학할 때에는 또다시 들를 터이니까 오래 있을 필요가 없어서 그대로 학교를 다녀 돌아올 적에 다시 들렀다.

그 때에는 마름 내외가 나를 기다리고 있다가 점심 먹으라고 밀국수를 해 주었다. 아마 그 계집애가 저희 부모에게 말을 했던 모양이다.

그 후에는 올 적 갈 적 들렀다. 그 계집애도 상전과 부리는 사람의 관계로 숙친하여졌다.

어떤 때 나의 옷고름이 떨어지면 그것을 달아 주고, 혹 별다른 음식을 갖다가 내 앞에 놀 때에는 이상한 미소를 띠고 나를 곁눈으로 치어다보았다. 그 웃음이란 나의 눈에 보이기에도 몹시 유혹적이었으나 나는 실없는 계집년이란 생각밖에 나지 않았다.

6

그 후에 하루는 내가 학질 기운이 갑자기 생겨서 하학 시간도 채 마치지 못하고 어떻게든지 집으로 가려고 무한한 노력으로 줄달음질쳐 오다가 그 집 앞을 당도해 보니까, 여태까지 참았던 마음이 확 풀어지며 그대로 그 집 마루에 가 털썩 주저앉아 버린 일이 있었다.

그것을 본 마름들은 나를 방으로 데려다 누이고 일변 집으로 통지를 하며 또는 물을 끓인다, 미음을 쑨다 하여 야단을 하는데, 그 중에 가장 난처하게 여기는 것은 나를 깔고 덮어 줄 이불 요가 없어서 걱정인 것이다.

자기네들이 깔고 덮는 누더기를 주인 상전의 귀여운 아들, 더구나 유달리 위하는 아들의 몸에는 덮어 주기를 꺼리는 모양이다.

염려하는 것을 본 그 처녀는 얼핏 자기방——아랫방——으로 가서 새로이 꾸며 둔 이불요(이부자리) 한 채를 가지고 왔다. 그것은 자기가 시집갈 때 가지고 가서 신랑과 덮고 잘 이불을 준비해 둔 것이다.

그는 그것을 깔고 덮어 준 후 발 아래를 잘 여미고 두덕두덕 매만져 주었다. 촌여자의 손이지만 어디인지 연하고 부드러운 맛이 있어서 몹시 육감적 자극을 전하는 듯하였다. 그리고는 그 처녀는 내 앞을 잘 떠나지 않고, 자기의 가장 아끼는 이불 요를 꺼내 덮어 준 것이 퍽 만족하다는 듯이 항상 이불과 요를 매만졌다.

어떠한 때에는 나의 이마도 눌러 주고, 시키지도 아니하였는데 나의 베개를 바로 베 주기도 하고 허트러진 옷고름을 매 주기까지 하였다.

그 때 그 당시로 말하면 내가 그 임실이쯤은 다른 의미로 생각할 여지가 없었고, 더구나 임실이를 이성으로 생각한다는 것으로는 마음이 끌리지 아니하였으니 그와 나의 지위의 간격이 너무 멀었음이 첫째 원인 이며, 하고 많은 여자를 다 제쳐 놓고 임실이에게 마음이 끌린다는 것은 그 때 나의 관념으로도 우스운 일일 뿐 아니라 그런 일이 있다 하면 그것은 자기의 명예라든지 여러 가지 사정을 생각하여 으레 있지 못할 일이었으므로 더구나 임실이가 나에게 마음을 둔다 하면 그것은 마치 파수 병정이 나라의 공주에게 반하는 것이나 마찬가지인 까닭이었다. 그러나 파수 병정이 공주를 사모한 일이 만일 있었다 하면 그것이 대개는 불행으로서 끝을 마치는 것과 같이 임실이가 나를 사모한 것도 그러하였으니, 그 때는 그것을 깨닫지 못하였으나 그 후에 그것을 깨달았을 때 나는 가슴이 몹시 아픔을 깨닫지 아니치 못하였다.

7

병이 나아서 다시 학교를 다닌 지 한 달 남짓한 때 나는 그 집을 들렀다가 그 집에서 마누라쟁이가 소리를 질러 떠드는 소리를 들었다.

"이 정츨 가스내야, 죽어도 대답을 못하겠는가?"
하며 임실이를 두들겨 주는 꼴을 보았다. 계집애는 죽어도 못하겠소 하는 듯이 입을 다물고 돌아앉아서 눈물만 흘리고 느껴 가면서 울 뿐이다.

"말해라, 그래도 못 하겠는게로?"

하고 그의 손에 든 망치가 임실의 등줄대를 내려갈겼다.

임실이는 그대로 엎드려져서 등만 비비며 말이 없다.

어미는 죽어라 하고 두어 번 짓이기더니 나를 보고 물러섰다.

그 까닭은 이러한 것이었다. 임실이를 어떠한 촌에 사는 늙수그레한 농부가 후실로 달라고 하는데, 그 농부인즉 돈도 있고 땅도 많고 소도 많아 살기가 넉넉하나 상처를 하여 다시 장가를 들 터인데, 만일 딸을 주면 닷 마지기 땅에 소 두 마리를 주겠다는 말이 있음이다. 그러나 임실이는 죽어도 가기 싫다 하니까 그렇게 수가 나는 것을 박차 버리는 것이 분하고 절통한 일이 되어서 지금 경찰이 고문이나 하는 듯이 딸에게 대답을 받으려 함이었다.

나도 그 말을 듣고는 임실이를 철없는 계집애라 하였다. 그렇게 하면은 부모에게도 좋은 일이요 자기 신상에도 괜찮을 것이라 하였다.

나도 어미 편을 들었다. 그랬더니 어미는 더욱 펄펄 뛰면서 자, 도련님 말씀을 들어 보라고 야단이다.

그러나 지금 생각하니 그 무심히 한 말이 그 계집애에게 치명상을 줄 줄을 누가 알았으랴. 지금도 생각만 하면 모골이 송연하다.

8

그 후에는 임실이가 몸이 아파서 누웠단 말을 들었다. 나는 여러 가지로 생각을 하여, 즉 말하자면 주인 된 도리로나 날마다 지나다니며 폐를 끼치는 것으로나, 또는 내가 앓을 적에 제가 해 주던 공으로나, 약 한 첩 아니 지어다 줄 수 없어서 그 병을 물어보았으나, 다만 몸살이라고 할 뿐이므로 무슨 병인지 몰라서 그것도 하지 못하였다.

그 후 한 보름은 무심히 지나갔다. 임실이 병이 어찌 되었느냐고 물어보지도 않았다.

그렇게 무심히 지내던 어떠한 날 저녁에 나는 어머니와 단둘이 방에서 잠을 자고 있었다. 날이 몹시 침울하고 흐려서 안개가 자욱이 낀 밤이었다. 척척한 기운이 삼투를 하여 방 안으로 스며들었다.

나는 잠이 들었다가 깨었다. 깨기는 깨었으나 분명히 깨지도 못하였다. 눈에는 방 안에 있는 것이 분명히 보이나 정신은 잠 속에 잠겨 있었다. 시계 소리가 들리었으나 그것이 생시에 듣는 것 같기도 하고 꿈 속에 듣는 것 같기도 하였다. 누구든지 가위를 눌릴 때 당하는 것같이 몸은 깨려 하고 정신은 깨지 않는 것과 같았다. 띵한 기운이 머릿속에 가득 차고 온몸이 녹는 듯이 혼몽하였다.

그러자 누구인지 문을 열었다. 석유불을 켜 놓은 등잔불이 더욱 밝아지더니 눈이 부신 햇빛같이 환하여졌다. 나는 이상하지도 않고 무섭지도 않았다. 생시나 같이 예사로웠다.

문이 열리더니 들어오는 사람이 있었다. 그것은 분명한 임실이었다. 그는 하얗게 소복을 입었었다. 그의 손에는 이상한 꽃가지를 들었었다. 문을 닫더니 내 앞에 와서 섰다. 그는 울음을 참는 사람처럼 처창하게 입을 다물었다. 그는 누구와 이별하는 것같이 몹시 슬픈 낯으로 나를 보았다. 그의 옷빛은 똑똑하고 선명하게 내 눈에 비치었다.

그는 한참이나 나를 보고 있더니 눈에서 구슬 같은 눈물을 흘리더니 나의 가슴에 엎드려 울었다. 생시나 꼭 마찬가지 목소리로 나를 향하여
"저는 지금 당신을 이별하고 영원히 갑니다. 생시에는 감히 말씀을 못하였으나, 지금 마지막 당신을 떠나갈 때 제가 얼마나 당신을 사모하였는지 알 수 없던 그 간곡한 정이나 알려 드릴까 하여 가는 길에 들렀사오니 영영 가는 혼이나마 마지막으로 저를 한 번 안아 주세

요."

하고 가슴에 안겼다. 나는 벌떡 일어나며 임실이를 물리치며

"버릇 없는 가시네년, 누구에게 네가 감히 이따위 버르장을 하니."

하고 꾸짖었다. 그랬더니 임실이는 돌아서서 원망스럽게 나를 흘겨보면서 그러면 이것이 마지막이니 안녕히나 계시라고 어디로인지 사라졌다. 나는 그 사라지는 것이 연기와 같이 허무한 것을 보고 공연히 섭섭한 생각이 나고 가슴속이 메어지는 듯하여 그렇게 준절히 꾸짖은 나로서 다시

"임실아! 임실아!"

하고 부르면서 따라나가려 하였다. 그러나 정녕코 생시요 모든 것이 분명하고 똑똑한데 다리를 떼어 놓으려면 다리가 떼어지지 않고, 무엇이 꽉 붙잡는 것 같으며, 입을 벌리려면 혀가 굳어서 말이 나오지를 아니하여 무한히 고생을 하고 애를 쓰려 하였으나 마음대로 되지를 않았다. 그러자 누구인지 내 몸을 흔드는 듯해서 눈을 떠 보니까 나는 자리 속에 누웠고 옆에 어머니가 일어나 앉으셔서

"왜 그러는?"

하고 물어보신다. 여러 가지를 종합해 보아서 내가 꿈을 꾸었던 것이다.

꿈은 꿈이나 그것이 너무 역력한 까닭에 어머니께 그런 말씀도 하지 못하고 이상하다 하는 생각으로 그날 밤을 지내었다.

9

그 이튿날 아침에 학교를 갈 적에는 만사를 제쳐 놓고 그 집부터 들렀다. 들르기도 전에 멀리서 나는 가슴이 서운하여지지 않을 수가 없었다.

"먹을 것도 못 먹고 입을 것도 못 입고…… 임실이가 죽단 말이 웬말이냐. 어미 애비 내버리고 네 혼자 어데매로 간단 말고, 애고 애고 임실아……."

하며 어미의 우는 소리가 적적한 마을 고요한 공기를 울리고 내 귀에 들려왔다. 공중에서 날아왔다 날아가는 제비새끼라든지, 다 익은 낟알이 바람에 불리어 이리 물결치고 저리 물결치는 것이든지, 그 울음소리에 섞이어 몹시 애처로운 정서를 멀리멀리 퍼뜨리는 것 같다.

나는 그 집에 들어가기 전에 벌써 직감적으로 무슨 일이 생긴 것을 알게 되었다. 더구나 시집도 가지 않은 처녀가 원한 품고 죽었구나! 하는 생각을 함에 무서운 생각도 나고 으스스한 느낌이 생겼다.

어미는 머리를 쥐어뜯어 가며

"임실아! 가려거든 같이 가지 너 혼자 간단 말고."

하며 통곡을 한다. 마름은 옆에 앉아 눈물을 씻고 있다. 농후한 애수가 그 집을 싸고 돈다.

마누라는 나를 보더니,

"도련님, 임실이가 죽었소."

하며 푸념 겸 하소연을 한다. 아랫방 임실의 누운 방문은 꼭 닫혀 있고 그 앞에는 임실이가 신던 신짝이 나란히 놓여 있다.

나는 이것이 정말이라 하면 너무 내 꿈이 지나치게 참말이요, 거짓말이라 하면 이렇게 애통한 광경을 믿지 않아야 할 것이다. 꿈이 이렇게 사실과 결합되는 일이 세상에 어디 있으랴?

"몇 시쯤 하여 그랬는고?"

나는 생각이 있어서 시간을 물어보았다. 마름은 눈을 꿈벅꿈벅하고 먼 산을 바라보고 꺼질 듯한 한숨을 내쉬더니

"오경은 되었을게로."

하며 대답을 하였다. 나는 눈을 더 한 번 크게 뜨지 않을 수가 없었다. 그러면 분명히 임실의 혼이 임실의 몸에서 떠날 때 나에게 즉시 다녀간 것이 틀림없었다.

10

나는 그 날 학교를 그만두었다. 집에 돌아와서 몸이 아프다는 핑계를 하고 종일 드러누워 생각함에 실없이 임실이 생각이 나서 못 견뎠다. 나에게 그렇게 구소에 사무친 원한을 품고 세상을 떠난 것을 생각하매 내 사지 마디가 저린 것 같았다. 불쌍함과 측은한 생각이 나고 또는 적지 않은 미신적 관념이 나를 두려웁게 하였다.

그리고 일상 나에게 하던 것이라든지 내가 아플 때 나에게 하여 준 것이라든지 또는 시집가기 싫어하던 것이든지 병들었던 것을 생각하고 임실의 마음을 추측하매, 임실이는 속으로 몹시 나를 사모하였던 것이 틀림없었다. 그러나 나는 상전이요 자기는 부리는 사람의 딸이었다. 고귀한 집 도령님을 사모한다고 말로는 차마 하지 못하였으나 그는 속으로 혼자 가슴을 태웠던 것이다. 골수에 사무치도록 나를 생각하였던 것이다. 입이 있고 말을 하나 차마 가슴속에 든 것을 내놓지 못하였던 것이다.

그 모든 것을 생각할 때 나는 죽어 간 임실을 몹시 동정하게 되었었다. 다시 한 번 만날 수가 있어 그의 진정을 들었으면 좋을걸 하는 생각까지 나고, 나중에는 제가 생시에 그런 말을 하였다면 들어 주기라도 하였을걸 하는 마음까지 났다. 말하자면 나는 임실이가 죽어 간 뒤에 분한 마음이 변하여 사랑하는 마음이 되었다는 것이다.

그날 저녁에 나는 잠을 자려 하나 잘 수가 없었다. 어머니는 영문도 모르시고 가지각색 약을 갖다가 나를 권하셨다. 그러시면서 내가 어제 저녁에 가위를 눌리더니 몸에 병이 생기었다 하시면서 매우 걱정을 하시었다.

그런데 나는 오늘 아침 임실이가 죽었다는 말을 하지 못하였다. 만일 그 집에를 들렀다는 말을 하면 처녀 죽은 귀신이 씌었다고 당장에 집안이 뒤집힐 터인 까닭이다.

나는 온종일 임실이 생각만 하다가 자리 속에 누웠었다. 때는 자정이 될락말락 하였었다. 어머니는 내가 잠들기를 기다리시느라고 옆에서 바느질을 하시고 계셨다. 사면은 고요하였다. 멀리서 닭 우는 소리가 들리었다. 나는 눈이 또렷또렷 잠 한잠 자지 못하고 누워 있었다. 그런데 누구인지 문간에서 문을 두드렸다. 어머님도 바느질하시던 것을 그치시고 귀를 기울이셨다. 나도 고개를 돌렸다.

"도련님!"

분명히 임실의 소리다. 어머니와 나는 서로 쳐다보았다. 서로 의아한 것을 깨치기 위함이다. 어머니 한 사람이나 나 한 사람만 듣는 것이 아니라 서로 다 듣는다는 것을 알 때 나는 온몸이 으쓱하였다.

"도련님!"

목소리가 더 똑똑하고 날카로웠다. 나는 무의식하게 벌떡 일어나며 대답을 하려 하였다. 그러자 어머니는 얼핏 나에게로 달려드시며 쉬—— 입을 막으라고 손짓을 하셨다.

"도련님!"

세 번째 소리가 날 때 나는 아무 말이 없었다. 그 때 나는 등에서 땀이 나도록 무서운 생각이 나서 얼른 자리 속으로 들어왔다.

어머니는 그게 누구 소리냐고 물어보셨다. 나는 어제저녁 꿈 이야기로부터 오늘 이야기를 아니 할 수가 없었다. 내일이면 온 동리가 다 알

것을 속인들 소용이 없음이었다. 나는 그 이야기를 모조리 하였다. 그랬더니 어머니는 나를 책망하셨다. 그렇게 생명에까지 관계되는 것을 이야기하지 않으니 어찌 자식이며 어미냐고 우시기까지 하셨다. 나는 참으로 말 안 한 것을 후회하였다. 그것은 귀신이 다녀간 것이라 하셨다. 세 번 부르기 전에 만일 대답을 하였다면 내가 죽을 것을 요행히 괜찮았다고 하셨다.

그날 저녁은 무사히 넘어갔다. 그 이튿날 어머니는 무당을 불러오셨다. 무당이 내 말을 듣더니 처녀 죽은 귀신이 되어서 그렇다고 그 귀신을 모셔다가 아무 이러이러한 나무 위에 모셔 놓고 일 년에 한 번씩 제사를 지내 주라 하였다. 어머니는 그렇게 하기로 결정을 하셨다. 그 이튿날 임실이는 공동묘지에 갖다가 묻었다. 나는 서운한 생각으로 그 날을 지냈다. 더구나 이 사람으로서는 믿을 수 없는 일을 자기가 직접 당하고 보니 이상하게 마음이 편치 못하였다. 더구나 처녀 귀신이 자기를 찾아다니는 것을 생각하고 여러 가지 미신을 종합해 생각할 때 적잖이 불안하였다.

그날 밤에도 임실이가 꿈에 보였다. 이번에는 아주 다른 세상으로 가서 모든 세상의 더러운 것을 깨끗이 씻어 버리고 선녀처럼 어여쁜 얼굴과 고운 단장을 하고 찾아왔다. 나는 그의 손을 잡고 퍽 반가움을 금치 못하여 이번에는 내가 임실이를 생각하는 것이 분수에 과한 것같이 임실이는 숭고하여졌었다. 나는 꿈속에서 임실이를 사모한다 하였다.

그러나 임실이는 조금 비웃는 듯이 나를 보더니, 만일 당신이 나를 사모하거든 지금이라도 같이 가자고 하였다. 그러면서 손을 잡아끌었다. 어제저녁 찾아갔을 때 왜 대답도 아니 하였느냐 하며 자, 어서 가자고 손을 끌었다. 그 때 잠깐 나는 꿈속에서나마 생시에 먹었던 정신이 들었던 모양이다. 임실이가 참 정말 임실이가 아니요 귀신 임실이라는 생각이 들더니, 만일 임실이를 따라가면 자기도 죽는다는 생각이 나서 손을 뿌리치는 바람에 잠이 깨었다.

잠은 깨었으나 눈앞에 보던 기억이 역력하다.

가기 싫다고 손을 뿌리쳤으나 임실이 모양이 얼마나 숭고하고 어여뻤는지 옆엣집 계집애가 노랑 수건을 던져 주던 따위로는 비길 수 없이 나의 정열을 일으켰다.

일이 허황된 일이라면서도 꿈에 보던 임실이를 잊을 수 없다. 어떠한 경우에 사람이 추상적 환상에 반하는 일이 있는 것이나 마찬가지로 나는 꿈속에 임실이 혼에게 반하였던 모양이다. 나는 잊으려 하나 잊을 수가 없었다. 속으로 자기를 비웃으면서도 가슴속은 무엇에 취한 것 같았다.

어머니는 이 말을 들으시더니 더욱 근심을 하시면서 얼핏 장가를 들여야겠다 하셨다. 그리고 유명한 무당과 판수에게는 날마다 다니시다시피 하셨다.

그 이튿날, 또 그 이튿날 꿈에는 임실이가 보이지 않았다. 꿈속에서 다시 한 번이라도 만나보았으면 할 때는 정작 오지를 않았다.

꿈을 꾸어서 만나보고 싶은 생각이 처음 날, 그 이튿날까지는 그리 대단치 않더니, 날이 지날수록 심해져서 어떻게 꿈속에서 한번 만나보나 하는 생각이 간절하여졌다. 그래서 하루 종일 임실이 생각만 하면 혹시 꿈속에서 만나볼 수가 있을까 하여 일부러 그 생각만 하였었으나 허사였다.

그 후부터 날마다 학교는 가지마는 그 집에는 자주 들르지를 않았다. 첫째 나 때문에 자기 딸이 죽었다는 칭원을 할까 겁나는 까닭이요, 둘째로는 그 죽은 방이 보기 싫은 까닭이었다.

그러나 아무리 하여도 잊혀지지를 않으므로 이번에는 잊어 보려고 애를 썼다. 어떤 때는 혼자 눈을 딱 감아 보기도 하고 어떤 때는 혼자 고개를 흔들어 눈앞에 보이는 것을 깨뜨려 보려 하였으나 더욱 분명히 보일 뿐이다. 그래서 이것도 귀신이 나의 마음을 이렇게 만들어 놓은 것이라고 해서 몹시 괴로웠다.

11

하루는 토요일이다. 임실을 잊어버리려 하나 잊어버릴 수 없는 생각이 나를 공동묘지까지 끌어갔다. 풀이 우거져서 상긋한 냄새가 온 우주의 생명의 냄새를 나의 콧구멍으로 전하여 주는 듯하였다. 익어 가는 나락들은 무거운 생명의 알갱이를 안은 채 고개를 숙이고 있다. 널따란 벌판에는 생명의 기운이 넘쳐흐른다. 땅에서 솟아오르는 흙의 냄새가 새로이 나의 정신을 씻어 주는 듯하였다. 먼 산에서 바람에 흔들리는 소나무들은 꿈틀꿈틀한 줄기와 뻣뻣한 가지로 힘있게 흩날린다. 맑게 갠 하늘에는 긴장한 푸른빛이 이 쪽에서 저 쪽까지 한 귀퉁이 남겨 놓은 것 없이 가득히 찼다. 길 가는 행인들까지 걷어올린 두 다리에 시뻘건 근육이 힘있게 꿈틀거린다. 들로 나가는 황소 목에 달린 종소리까지 쨍쨍한 음향으로 공기를 울린다.

공동묘지는 우리 동리에서 북쪽으로 시오 리나 되는 산등성이에 있었다. 내가 묘지에를 가는 것은 임실의 실체를 만나보려 하는 것도 아니요, 꿈 속같이 임실의 혼을 만나려는 것도 아니다. 임실이가 나를 그렇게까지 사모하다가 말 한 마디 하지 못하고 그대로 원혼이 되어 갔으며, 또는 그 원혼이 그래도 나를 못 잊고 꿈 속에까지 나를 못 잊어 내 눈에 보이며, 또 그 원혼이 밤중에 나를 찾아왔다 하면 그 간곡한 마음을 다만 얼마라도 위로하는 것이 나의 의리 있는 짓이라고 하는 생각까지 난 까닭이었다. 그러면 사람이라는 것은 이상한 것이 되어 어떠한 물건에 의지하지 아니하면 그 마음이라든지 그 정성을 다하지 못하는 것이므로 부처를 생각하매 흙으로 빚어 만든 불상이거나, 예수를 경배하매 쇠로 만든 십자가가 아니면 그 마음을 한곳에 붙이지 못하는 것과 같이, 내가 임실이를 생각하매 그의 몸을 묻어 놓은 흙덩이 무덤이 아니면 나의 마음을 부쳐 보낼 수 없음이었다.

나는 이 무덤 저 무덤을 찾아서 임실의 무덤 앞에 섰다. 무덤이 무슨 말이 있으랴마는 나의 심정은 무엇으로 채우는 듯이 어색하여졌다. 죽은 사람의 무덤 위에는 새로 생명으로 솟아오르는 풀들이 파릇파릇 났다. 나는 세상에 가장 애처로운 정서로 얽어 놓은 이 무덤 속에 잠들어 있는 임실이를 위하여 무엇이라고 하여야 좋을지 알지 못하였다. 처녀로서 순결한 마음으로 일평생 한 번밖에 그의 정을 주어 보지 못한 임실의 깨끗한 몸이 여기에 놓여 있고, 그 순진한 심정에서 곱게 피어 오른 사랑의 꽃이 저 심산 속에 피었다 사라진 이름 모를 꽃 같은 것을 생각할 때 나의 마음은 숭고하고 결백함으로 찼었다. 그러나 한 번밖에 피지 못하는 꽃이 나로 말미암아 피었고 그것이 나로 인하여 꺼져 버린 것을 생각할 때 말할 수 없이 아까웠다. 더구나 그 꽃은 꺼졌으나 그 나머지 향기가 그렇게 쉽게 사라지지 않고 피었던 자리 언저리에 남아 있어 없어지기를 아까워하는 것을 생각할 때 얼마나 나의 마음이 에는 듯하였는지 몰랐다.

나는 무덤 가장자리를 돌아다녀 보았다. 그의 무덤은 보잘것이 없었다. 그의 무덤에는 찾아오는 이도 없었다. 그의 죽어 간 뒤에는 그를 위하여 가슴을 태우는 이라고는 그의 어머니와 아버지가 있을 뿐이다. 그러나 죽어 간 임실이가 그렇게까지 사모하던 내가 이 자리에 왔는 것을 아는지 모르는지, 만일 참으로 넋이 있어 안다 하면 그가 그것을 만족히 여길는지 아닐는지? 나의 마음속에는 말할 수 없는 안타까움이 있을 뿐이었다.

나는 옆에 피어 있는 석죽꽃을 따서 그것으로 화환을 만들어 무덤 앞에 놓아 주고 집으로 돌아왔다. 그 후에는 전과 다름없는 생활을 하여 왔다. 그리고 임실이도 꿈에 오지 아니하고 나도 임실의 생각을 잊어버리었다.

그러자 일 년이 지나간 어떤 날 또다시 임실이가 왔었다. 그것은 바로 임실이가 죽은 지 일 년이 되던 날이다. 그 후에는 연연히 그 날이면 임실이가 보이더니, 내가 서울 와서 공부하던 해부터는 그 날이 되어도 오지 않았다. 지금은 아주 남의 이야기가 되어 버린 것같이 잊어버리었으나, 문득문득 그 때 생각이 나면 그 때 문간에서 나를 부르던 소리가 귀에 역력하여 온몸이 으쓱하여진다.

물레방아

1

덜컹덜컹 홈통에 들었다가 다시 쏟아져 흐르는 물이, 육중한 물레방아를 번쩍 쳐들었다가 쿵 하고 확 속으로 내던질 제, 머슴들의 콧소리는 허연 겻가루가 켜켜이 앉은 방앗간 속에서 청승스럽게 들려 나온다.

쏼쏼쏼, 구슬이 되었다가 은가루가 되고 댓줄기같이 뻗치었다가 다시 쾅쾅 쏟아져 청룡이 되고 백룡이 되어 용솟음쳐 흐르는 물이, 저쪽 산모퉁이를 십 리나 두고 돌아 다시 이쪽 들 복판을 오 리쯤 꿰뚫은 뒤에, 이방원이가 사는 동네 앞 기슭을 스쳐 지나가는데 그 위에 물레방아 하나가 놓여 있다.

물레방아에서 들여다보면 동북간으로 큼직한 마을이 있으니, 이 마을에서 가장 부자요, 가장 세력이 있는 사람은 그 이름을 신치규라고 부른다. 이방원이라는 사람은 그 집의 막실살이를 하여 가며 그의 땅을 경작하여 자기 아내와 두 사람이 그날 그날을 지내 간다.

어떤 가을 밤, 유난히 밝은 달이 고요한 이 촌을 한적하게 비칠 때, 그 물레방앗간 옆에 어떤 여자 하나와 어떤 남자 하나가 서서 이야기를 하는 소리가 들리었다.

그 여자는 방원의 아내로 지금 나이가 스물두 살, 한창 정열에 타는 가슴으로 가장 행복스러울 나이의 젊은 여자요, 그 남자는 오십이 반이 넘어 인생으로서 살아올 길을 다 살고서 거의거의 쇠멸의 구렁텅이를 향해 가는 늙은이다.

그의 말소리는 마치 그 여자를 달래는 것같이,

"얘, 내 말이 조금도 그를 것이 없지? 쉰네 할멈에게서도 자세한 말을 들었을 테지만, 너 생각해 보아라. 네가 허락만 하면 무엇이든지 네가 하고 싶다는 것을 내가 전부 해 줄 테란 말야. 그까짓 방원이 녀석하고 네가 몇백 년 살아야 언제든지 막실 구석을 면하지 못할 테니…… 허허, 사람이란 젊어서 호강해 보지 못하면 평생 한번 해 보지 못하고 죽을 것이 아니냐. 내가 말하는 것이 조금도 잘못한 것이 없느니라! 대강 네 말을 쉰네 할멈에게서 듣기는 들었으나 그래도 네게 한 번 바로 대고 듣는 것만 못해서 이리로 만나자고 한 것이다. 네 마음은 어떠냐? 어디, 허허, 내 앞이라고 조금도 어떻게 알지 말고 이야기해 봐, 응?"

이 늙은이는 두말할 것 없이 신치규다. 그는 탐욕스러운 눈으로 방원의 계집을 들여다보며 한 손으로 등을 두드린다.

새침한 얼굴이 파르족족하고 기다란 눈썹과 검푸른 두 눈 가장자리에 예쁜 입, 뽀로통한 뺨이며 콧날이 오똑한데다가 후리후리한 키에 떡 벌어진 엉덩이가 아무리 보아도 무섭게 이지적인 동시에 또는 창부형으로 생긴 것이다.

계집은 아무 말이 없이 서서 짐짓 부끄러운 태를 지으며 매혹적인 웃음을 생긋 웃고는 고개를 돌렸다. 그 웃음이 얼마나 짐승 같은 신치규의 만족을 사게 되었으며, 또한 마음을 충동시켰는지 희끗희끗한 수염이 거의 계집의 뺨에 닿도록 더 가까이 와서,

"응? 왜 답이 없니? 부끄러워서 그러니? 그렇게 부끄러워할 일은 아닌데."

하고 계집의 손을 잡으며,

"손도 이렇게 예쁜 줄을 이제까지 몰랐구나. 참 분결 같다. 이렇게 얌전히 생긴 애가 방원 같은 천한 놈의 계집이 되어 일평생을 그대로 썩는다는 것은 너무 가엾고 아깝지 않으냐? 애."

계집은 몸을 돌리려고 하지도 않고, 영감이 하는 대로 내버려 두며 눈으로 땅만 내려다보고 섰다가 가까스로 입을 떼는 듯하더니,

"제 말야 모두 쇤네 할멈이 여쭈었지요. 저에게는 너무 분수가 과한 말씀이니까요."

"온, 천만의 소리를 다 하는구나. 그게 무슨 소리냐? 너도 아다시피 내가 너를 장난삼아 그러는 것도 아니겠고, 후사가 없어 그러는 것이니까 네가 내 아들이나 하나 나 주렴. 그러면 내 것이 모두 네 것이 되지 않겠니? 자아, 그러지 말고 오늘 허락을 하렴. 그러면 내일이라도 방원이란 놈을 내쫓고 너를 불러들일 테니."

"어떻게 내쫓을 수가 있에요?"

"허어, 그게 그리 어려울 게 뭐 있니…… 내가 나가라는데 제가 안 나가고 배길 줄 아니?"

"그렇지만 너무 과하지 않을까요?"

"무엇? 그런 생각을 하니까 네가 이 모양으로 이 때까지 있었지. 어떻단 말이냐? 그런 것은 조금도 염려하지 말구, 자아 또 네 서방에게 들킬라, 어서 들어가자."

"먼저 들어가세요."

"왜?"

"남이 보면 수상히 알게요."

"뭘, 나하고 가는데 수상히 알 게 뭐야…… 어서 가자."

계집은 천천히 두어 걸음 따라가다가,

"영감!"

하고 머츰하고 서 있다.

"왜 그러니?"

계집은 다시 말없이 서 있다가,

"아니에요. 먼저 들어가세요."

하고 돌아선다. 영감이 간이 달아서 계집의 손을 잡으며,

"가자, 집으로 들어가자."

그의 가슴은 두근거리는지 숨소리가 잦아진다. 계집은 손을 빼려고
하며,

"점잖은 어른이 이게 무슨 짓이에요."

하면서도 그 몸짓에는 모든 것을 허락한다는 뜻이 보였다. 영감은 계집
의 몸을 끌어안더니 방앗간 뒤로 돌아 들어섰다. 계집은 영감 가슴에
안겨 정욕이 가득 찬 눈으로 그를 보면서,

"영감."

말 한 마디 하고 침 한 번 삼키었다.

"영감이 거짓말은 안하지요?"

"아니."

그의 말은 떨리었다. 계집은 영감의 팔을 한 손으로 잡고 또 한 손으
로는 방앗간 속을 가리켰다.

"저리로 들어가세요."

영감과 계집은 방앗간에서 이삼십 분 후에 다시 나왔다.

2

사흘이 지난 뒤에 신치규는 방원이를 자기 집 사랑 마루 앞으로 불렀

다.

"얘."

방원은 상전이라 고개를 숙이고,

"예."

공손하게 대답을 하였다.

"네가 그간 내 집에서 정성스럽게 일을 한 것은 고마운 일이지마는……."

점잔과 주짜를 빼면서 신치규는 말을 꺼내었다. 방원의 가슴은 이 '마는'이라는 말 뒤에 이어질 말을 미리 깨달은 듯이 온몸의 피가 가슴으로 모여드는 듯하더니, 다시 터럭이라는 터럭은 전부 거꾸로 일어서는 듯하였다.

"오늘부터는 우리 집에 사정이 있어 그러니, 내 집에 있지 말고 다른 곳의 좋은 곳을 찾아가 보아라."

아무 조건도 없다. 또한 이 곳에서도 할 말이 없다. 죽으라고 하면 죽는 시늉이라도 해야 하는 것이다. 주인은 돈을 가지고 사람을 사고 팔 수도 있는 것이다.

방원은 가슴이 답답하였다. 자기 혼잣몸 같으면 어디 가서 어떻게 빌어먹더라도 살 수가 있지마는 사랑하는 아내를 구해 갈 길이 막연하다. 그는 고개를 굽히고 허리를 굽히고 나중에는 마음을 굽히어 사정도 하여 보고 애걸도 하여 보았다. 그러나 그것은 헛된 일이다. 주인의 마음은 쇠나 돌보다도 더 굳었다.

그는 하는 수 없이 자기 아내에게 그 이야기를 하였다. 그리고 아내더러 안주인 마님께 사정을 좀 하여 얼마간이라도 더 있게 해 달라고 하여 보라고 하였다. 그러나 아내는 방원의 말을 들을 리가 없었다. 도리어,

"그러면 어떻게 한단 말이오. 이제부터는 나를 어떻게 먹여 살릴 테
요?"

"너는 그렇게 먹고 살 수가 없을까봐 겁이 나니?"

"겁이 나지 않고, 생각을 해 보구려. 인제는 꼼짝할 수 없이 죽지 않
았소?"

"죽어?"

"그럼 임자가 나를 데리고 이 곳까지 온 때에 무엇이라고 하였소. 어
떻게 해서든지 너 하나야 먹여 살리지 못하겠느냐고 하셨지요?"

"그래."

"그래 얼마나 나를 잘 먹여 살리고 나를 호강시켰소? 이 때까지 이태
나 되도록 끌구 돌아다닌다는 것이 남의 집 행랑이었지요."

"얘, 그것을 네가 모르고 하는 말이냐? 내가 허려고 하지 않아서 그

렇게 된 것이냐? 차차 살아가는 동안에 무슨 일이든지 생기겠지. 설
마 요대로 늙어 죽기야 하겠니?"

"듣기 싫소! 뿔 떨어지면 구워 먹지 어느 천 년에."

방원이는 가뜩이나 내쫓기고 화가 나는데 계집까지 그러하니까 속에
서 열화가 치밀어 올라왔다.

"이 육시를 하고도 남을 년! 왜 남의 마음을 글컹거리니?"

"왜 사람에게 욕을 해!"

"이년아, 욕 좀 하면 어떠냐?"

"왜 욕을 해!"

계집의 얼굴이 노래지며 대든다.

"이년이 발악인가?"

"누가 발악야, 계집년 하나 건사 못하는 위인이 계집보고 욕만 하고,

한 게 뭐야? 그래 은가락지 은비녀나 한 벌 사 주어 보았어? 내가 임자 하자고 하는 대로 하지 않은 것은 없지!"

"이년아, 은가락지 은비녀가 그렇게 갖고 싶으냐? 더러운 년아."

"무엇이 더러워? 너는 얼마나 정한 놈이냐!"

계집의 입속에서는 '놈' 소리가 나오기 시작한다.

"이년 보게! 누구더러 놈이래."

하고 손길이 계집의 낭자(쪽)를 후려잡더니 그대로 집어들고 주먹으로 등줄기를 우리었다.

"이 주릿대를 안길 년!"

발길이 엉덩이를 두어 번 지르니까 계집은 그대로 거꾸러졌다가 다시 일어났다. 풀어 헤뜨린 머리가 치렁치렁 끌리고 씰룩한 눈에는 독기가 섞이었다.

"왜 사람을 치니? 이놈! 죽여라 죽여, 어디 죽여 보아라, 이놈 나 죽고 너 죽자!"

하고 달려드는 계집을 후려쳐서 거꾸러뜨리고서,

"이년이 죽을려고 기를 쓰나!"

방원이가 계집을 치는 것은 그것이 주먹을 가지고 하는 일종의 농담이다. 그는 주먹이나 발길이 계집의 몸에 닿을 때, 거기에 얻어맞는 계집의 살이 아픈 것보다 더 찌르르하게 가슴 복판을 찌르는 아픔을 깨닫는 것이다. 홧김에 계집을 치는 것이 실상은 자기의 마음을 자기의 이빨로 물어뜯는 것이나 다름이 없는 것이다. 때리는 그에게도 몹시 애처로움이 있고 불쌍함도 있는 것이다. 그러나 자기의 화풀이를 받아 주는 사람은 아직까지도 계집밖에는 없었다. 제일 만만하다는 것보다도 가장 마음놓고 화풀이할 수 있음이다. 싸움한 뒤 하루가 못 되어 두 사람이 베개를 나란히 하고 서로 꼭 끼고 잘 때에는 그렇게 고맙고 감격이 일어나는 위안이 또다시 없음이다. 계집을 치고 화풀이를 하고 난 뒤에 다시 가슴을 에는 듯한 후회와 더 뜨거운 포옹으로 위로를 받을 그 때에는, 두 사람 아니라 방원에게는 그만큼 힘 있고 뜨거운 믿음이 또다시 없는 까닭이다.

계집은 일부러 소리를 높여서 꺼이꺼이 운다.

온 마을 사람들이 거의 귀를 기울였으나,

"응, 또 사랑 싸움을 하는군!"

하고 도리어 그 싸움을 부러워하였다. 옆집 젊은것이 와서 싱글벙글 웃으며 들여다보며,

"인제 고만두라구."

하며 말리는 시늉을 한다. 동네 아이들만 마당 앞에 죽 들어서서 눈들이 뚱그레지며 구경을 한다.

3

그날 저녁에 방원이는 술이 얼큰하여 들어왔다. 계집을 차던 마음은 어느덧 풀어지고 술로 흥분된 마음에 그는 계집의 품이 몹시 그리워져서 자기 아내에게 사과를 할 마음까지 생기었다. 본시 사람이 좋고 마음이 약하고 다정한 그는 무식하게 자라난 까닭에 무지한 짓을 하기는 하나, 그것은 결코 그의 성격을 말하는 무지함이 아니었다.

그는 비척거리면서 집으로 향하는 길에 거슴츠레하게 풀린 눈을 스르르 내리감고 혼잣소리로,

"빌어먹을 놈! 나가라면 나가지 무서운가? 제 집 아니면 살 곳이 없는 줄 아는 게로군! 흥, 되지 않게 다 무엇이냐? 돈만 있으면 제일이냐? 이놈, 네가 그러다가는 이 주먹 맛을 언제든지 볼라. 그대로 곱게

뒈질 줄 아니?"

하고 개천 하나를 건너 뛴 후에,

'돈! 돈이 무엇이냐?'

한참 생각하다가,

"에후."

한숨을 쉬고 나서,

"돈이 사람을 죽이는구나! 돈! 돈! 흥, 사람 나고 돈 났지 돈 나고 사람 났니?"

또 징검다리를 비척비척하고 건넌 뒤에,

"고 배라먹을 년이 왜 고렇게 포달을 부려서 장부의 마음을 긁어 놓아!"

그의 목소리에는 말할 수 없이 다정한 맛이 있었다. 그는 자기 계집을 생각하면 모든 불평이 스러지는 듯이, 숙였던 고개를 쳐들어 하늘을 보면서,

"허어, 저도 고생은 고생이지."

하고 다시 고개를 숙인 후,

"내가 너무해, 너무 그럴 게 아닌데."

그는 자기 집에 와서 문고리를 붙잡고 흔들면서,

"애! 자니! 자?"

그러나 대답이 없고 캄캄하다.

"이년이 어디를 갔어!"

그는 문짝을 깨어져라 하고 닫은 후에 다시 길거리로 나와 그 옆집으로 가서,

"여보 아주머니! 우리 집 색시 어디 갔는지 보았소?"

밥들을 먹은 옆엣집 내외는,

"어디서 또 취했소그려! 애 어머니가 아까 머리 단장을 하더니 저 방아께로 갑디다."

"방아께로."

"네."

"빌어먹을 년! 방아께로는 뭘 먹으러 갔누!"

다시 혼자 방아를 향하여 가면서 중얼거린다.

그는 방앗간을 막 뒤로 돌아서자 신치규와 자기 아내가 방앗간에서 나오는 것을 보았다.

'아!'

그는 너무 뜻밖의 일이므로 아무 말도 하지 못하고 그대로 한참이나 멀거니 서서 보기만 하였다.

그의 눈에서는 쌍심지가 거꾸로 섰다. 열이 올라와서 마치 주홍을 칠한 듯이 그의 눈은 붉어지고 번개 같은 광채가 번뜩거리었다.

그는 한참이나 사지를 떨었다. 두 이가 서로 맞춰서 달그락달그락하여졌다. 그의 주먹은 부서질 것같이 단단히 쥐어졌다.

계집과 신치규는 방원이 와 선 것을 보고서 처음에는 조금 간담이 서늘하여졌으나 다시 태연하게 내려앉았다. 일이 이렇게 되었으매 할 대로 하라는 뜻이다.

방원은 달려들어서 계집의 팔목을 잡았다. 그리고 이를 악물고 부르르 떨었다.

"나는 네가 이럴 줄은 몰랐다."

계집은,

"뭘 이럴 줄을 몰라?"

하며 파란 눈을 흘겨보더니,

"나중에는 별꼴을 다 보겠네. 으레 그럴 줄을 인제 알았나? 놔요! 왜 남의 팔을 잡고 요 모양야. 오늘부터는 나를 당신이 그리 함부로 하지는 못해요! 더러운 녀석 같으니! 계집이 싫다고 그러면 국으로 물러갈 일이지, 이게 무슨 사내답지 못한 일야! 놔요!"

하고 팔을 뿌리쳤으나 분노가 전신에 가득 찬 그는 그렇게 쉽게 손을 놓지 않았다.

"애! 네가 이것이 정말이냐?"

"정말이 아니구, 비싼 밥 먹고 거짓말할까?"

"네가 참으로 환장을 했구나!"

"아니, 누구더러 환장을 했대? 온, 기가 막혀 죽겠지! 놔요! 놔! 왜 추근추근하게 이 모양야? 놔."

하고서 힘껏 뿌리치는 바람에 계집의 손이 쑥 빠지었다. 계집은 손목을 주무르면서 암상맞게 돌아섰다.

이 때까지 이 꼴을 멀찍이 서서 보고 있던 신치규는 두어 발자국 나서더니 기침 한 번을 서투르게 하고서,

"애! 네가 술이 취했으면 일찍 들어가 자든지 할 것이지 웬 짓이냐? 네 눈깔에는 아무것도 보이는 것이 없단 말이냐? 너희 연놈이 싸우는 것은 너희 연놈이 어디든지 가서 할 일이지, 여기 누가 있는지 없는지 눈깔에 보이는 것이 없어? 엣, 괘씸한 놈!"

하고 눈깔을 부라리었다. 방원은 한참이나 쳐다볼 뿐 말이 없었다. 생각대로 하면 한주먹에 때려눕힐 것이지마는, 그러나 그의 머릿속에는 아까까지의 상전이라는 관념이 남아 있었다.

번갯불같이 그 관념이 그의 입과 팔을 얽어 놓았다. 어려서부터 오늘날까지 남을 섬겨 보기만 한 그의 마음은 상전이라면 모두 두려워하는 성질을 깊이깊이 뿌리를 박아 놓아 있었다. 그러나 오늘부터는 신치규가 자기의 상전이 아니요, 자기가 신치규의 종도 아니다. 다만 똑같은

사람으로 서로 마주 섰을 뿐이다. 아니다, 지금부터는 치규도 방원의 원수였다. 그의 간을 씹어 먹어도 오히려 나머지 한이 남아 있는 원수다.

신치규는 똑바로 쳐다보는 방원을 마주 쳐다보며,

"똑바로 쳐다보면 어쩔 테냐? 온, 세상이 망하려니까 별 해괴한 일이 다 많거든. 어째 이놈아!"

"이놈아?"

방원은 한 걸음 들어섰다. 나무같이 힘센 다리가 성큼 하고 나설 때 신치규는 머리끝이 으쓱하였다. 쇠몽둥이 같은 주먹이 쑥 앞으로 닥칠 때 그의 가슴은 덜컥 내려앉았다.

"네 입에서 이놈이라는 소리가 나오니? 이 사지를 찢어 발겨도 오히려 시원치 못할 놈아! 네가 내 계집을 빼앗으려고 오늘, 날더러 나가라고 그랬지?"

"어허, 이거 그놈이 눈깔이 삐었군. 얘, 나는 먼저 들어가겠다. 너는 네 서방하구 나중 들어오너라."

신치규는 형세가 위험하니까 슬금슬금 꽁무니를 빼려고 돌아서서 들어가려 했다. 방원은 돌아서는 신치규의 멱살을 잔뜩 쥐어 한 팔로 바싹 치켜 들고,

"이놈, 어디를 가? 네가 이 때까지 맛을 몰랐구나!"

하며 한 번 집어쳐 땅바닥에다가 태질을 한 뒤에 그대로 타고 앉아서 목줄띠를 누르니까, 마치 뱀이 개구리 잡아먹을 적 모양으로 깩깩 소리가 나며 말 한 마디 못 한다.

"이놈, 너 죽고 나 죽으면 고만 아니냐?"

하고 방원은 주먹으로 사정없이 닥치는 대로 들이댄다. 나중에는 주먹이 부족하여 옆에 있는 모루돌멩이를 집어서 죽어라 하고 내리친다. 그의 팔, 그의 몸에 끓어오르는 분노가 극도에 달하자, 사람의 가슴속에

본능적으로 숨어 있는 잔인성이 조금도 남지 않고 그대로 나타났다. 그의 눈은 마치 펄떡펄떡 뛰는 미끼를 가로채고 앉은 승냥이나 이리와 같이 뜨거운 피를 보고야 만족한다는 듯이 무섭게 번쩍거렸다. 그에게는 초자연의 무서운 힘이 팔과 다리에 올라왔다.

이 꼴을 보는 계집은 무서웠다. 끔찍끔찍한 일이 목전에 생길 것이다. 그의 맥이 풀린 다리는 마음대로 놓여지지 않았다.

"아! 사람 살류! 사람 살류!"

적적한 밤중 쓸쓸한 마을에는 처참한 여자 목소리가 으스스하게 울리었다. 이 소리를 들은 방원은 더욱 힘을 주어서 눈을 딱 감고 죽어라 내리 짓찧었다. 뼈가 돌에 맞는 소리가 살이 을크러지는 소리와 함께 퍽퍽하였다. 피 묻은 돌이 여기저기 흩어지고 갈가리 찢긴 옷에는 살점이 묻었다.

동네편 쪽에서 수군수군하더니 구둣소리가 나며 칼소리가 덜거덕거리었다. 방원의 머리에는 번갯불같이 무엇이 보이었다. 그는 손에 주먹을 쥔 채 잠깐 정신을 차려 그 쪽으로 귀를 기울였다.

"순검."

그는 신치규의 배를 타고 앉아서 순검의 구둣소리를 듣자 비로소 자기가 무슨 짓을 하였는지 깨달았다.

그는 미친 사람처럼 일어났다. 그리고는 옆에 서서 벌벌 떠는 계집에게로 갔다.

"얘! 가자! 도망가자! 너하고 나하고 같이 가자! 자, 어서 어서 가!"

계집은 자기에게 또 무슨 일이 있을까 해 겁내어 도망하려 한다. 방원은 계집을 따라가며,

"얘! 얘! 네가 이렇게도 나를 몰라 주니? 내가 너를 어떻게 생각하는지 알지를 못하니? 자! 어서 도망가자. 어서 어서, 뒤에서 순검이 쫓

아온다."

계집은 그대로 서서 종종걸음을 치며,

"싫소! 임자나 가구려! 나는 싫어요, 싫어."

"가자! 응! 가!"

그는 미친 사람처럼 계집의 팔을 붙잡고 끌었다. 그 때 누구인지 그의 두 팔을 마치 형틀에 매다는 것같이 꽉 뒤로 끼어안는 사람이 있었다.

"이놈아! 어디를 가?"

그는 뒤를 돌아보지 않고도 그가 누구인지 알았다. 그는 온몸에 맥이 풀리어 그대로 뒤로 자빠지려 할 때 어느덧 널판 같은 주먹이 그의 뺨을 사정없이 갈겼다.

"정신 차려!"

"네."

그는 무의식적으로 고개가 숙여지고 말소리가 공손하여졌다.

땅바닥에서는 신치규가 꿈지럭거리며 이리저리 뒹군다. 청승스러운 비명이 들린다. 방원은 포승지인 채, 계집은 그대로 주재소로 끌려가고, 신치규는 머슴들이 업어 들였다.

4

석 달이 지났다. 상해죄로 감옥에서 복역을 하던 방원은 만기가 되어 출옥을 하였다. 그러나 신치규는 아무 일 없이 자기 집에서 치료하고 방원의 계집을 데려다 산다. 신치규는 온몸이 나은 뒤에 홀로 생각하였다.

'죽는 줄만 알았더니 그래도 이렇게 살아 있으니!'

하고 얼굴에 흠이 진 곳을 만져 보며,

'오히려 그놈이 그렇게 한 것이 나에게는 다행이지, 얼굴이 아프기는 좀 하였으나! 허어. 어떻게 그놈을 떼어 버릴까 하고 그렇지 않아도 걱정을 하던 차에 잘 되었지. 그놈 한 십 년 감옥에서 콩밥을 먹었으면 좋겠다.'

방원은 감옥에서 생각하기를, 나가기만 하면 연놈을 죽여 버리든지 제가 죽든지 요정을 내리라 하였다.

집에서 내쫓기고 계집까지 빼앗기고, 그것을 생각하면 이가 갈리고 치가 떨리었다. 그것이 모두 자기의 돈 없는 탓인 것을 생각하며, 더욱 분한 생각이 났다.

'에이, 더러운 년!'

그는 홍바지에 쇠사슬을 차고서 일을 할 때에도 가끔 침을 땅에다 뱉으면서 혼자 중얼거리었다.

'사람이 이러고서야 살아서 무엇 하나. 멀쩡한 놈이 계집 빼앗기고 생으로 콩밥까지 먹으니…….'

그는 감옥에서 나올 때에 감옥소를 다시 한 번 둘러보고, 여기서 마지막으로 목숨을 잃어버리든지 그렇지 않으면 내 손으로 내 목을 찔러 죽든지, 무슨 요절이 날 것을 생각하며 다시 온몸에 힘을 주고 쓸쓸한 웃음을 웃었다.

그는 이백 리나 되는 길을 걸어 계집이 사는 촌에를 왔다.

그러나 아무도 그를 아는 체하는 사람이 없었다. 전에 친하게 지내던 사람들도 그를 보고 피해 갔다.

마치 문둥병자와 마찬가지 대우를 하였다. 감옥에서 나온 뒤로부터는 더욱 세상이 차디차졌다. 자기가 상상하던 것보다도 더 무정하였다. 그는 하는 수 없이 밤이 될 때까지 그 근처 산 속으로 돌아다녔다. 그러다

가 깊은 밤에 촌으로 내려왔다. 그는 그 방앗간을 다시 지나갔다. 석 달 전 생각이 났다. 자기가 여기서 잡혀갔다는 것을 생각할 때 더욱 억울하고 분한 생각이 치밀어 올라왔다. 한참이나 거기 서서 그 때 일을 생각하고 몸서리를 친 후에 다시 그전 집을 찾아갔다.

날이 몹시 추워지고 눈이 쌓였다. 입은 옷은 가을에 입고 감옥에 들어갔던 그것이므로 살을 에는 듯하였으나 그는 분한 생각과 흥분된 마음에 그것도 몰랐다.

'연놈을 모두 처치를 해 버려?'

혼자 속으로 궁리를 하다가,

'그렇지, 그까짓 것들은 살려 두어야 쓸데없는 인생들야.'

하면서 옆구리에 지른 기름한 단도를 다시 만져 보았다. 그는 감격스런 마음으로 그것을 쓰다듬었다. 그는 신치규의 집 울을 넘어 들어갔다. 그의 발은 전에 다닐 적같이 익숙하였다. 그는 사랑을 엿보고 다시 뒤로 돌아서 건넌방 창 밑에 와 섰다. 귀를 기울였으나 아무 말도 들리지 않았다. 그는 손에 칼을 빼들었다. 그리고 일부러 뒤 창문을 달각달각 흔들었다.

"그 뉘?"

하고 계집의 머리가 쑥 나오며 문이 열리었다. 그는 얼른 비켜섰다. 문은 다시 닫혀지고 계집은 들어갔다.

방원의 마음은 이상하게 동요가 되었다. 예쁜 계집의 목소리가 오래간만에 귀에 들릴 때 마치 자기가 감옥에서 꿈을 꿀 적 모양으로 요염하고도 황홀하게 그의 마음을 꾀는 것 같았다. 그는 꿈 속에서 다시 만난 것 같고 오래간만에 그를 만나보매, 모든 결심은 얼음같이 녹는 듯하였다. 그래도 계집이 설마 나를 영영 잊어버리랴 하고 옛날의 정리를 생각할 때, 그것이 거짓말이 아니고 무엇이냐는 생각이 났다.

아무리 자기를 감옥에까지 가게 하였다 하더라도 그는 감히 칼을 들어 죽이려는 용기가 단번에 나지 않아서 주저하기 시작하였다.

'아니다, 다시 한 번만 물어보자!'

그는 들었던 칼을 다시 집고 생각하였다.

'거짓말이다. 거짓말이다. 그럴 리가 없다.'

그는 반신반의하였다.

'그렇다, 한 번만 다시 물어보고 죽이든 살리든 하자!'

그는 다시 문을 달각달각하였다. 계집은 이번에도 다시 문을 열고 사면을 둘러보더니 헌 짚신짝을 신고 나왔다.

"뉘요!"

그가 방원이 서 있는 집 모퉁이를 돌아서려 할 제,

"내다!"

하고 입을 틀어막고 칼을 가슴에 대었다.

"떠들면 죽어!"

방원은 계집의 입을 수건으로 결박한 후 들쳐업고서 번개같이 달음질쳤다.

그는 어느 결에 계집을 업어다가 물레방아 옆에 내려놓은 후 결박을 풀었다. 그리고 한숨을 쉬었다.

"나를 모르겠지?"

캄캄한 그믐밤에 얼굴을 바짝 계집의 코앞에 들이댔다. 계집은 얼굴을 자세히 보더니,

"아——!"

하고 소리를 지르더니 뒤로 물러섰다.

"조금도 놀랄 것이 없다. 오늘 네가 내 말을 들으면 살려줄 것이요, 그렇지 않으면 이거야."

하고 시퍼런 칼을 들이대었다. 계집은 다시 태연하게,

"말요? 임자의 말을 들으렬 것 같으면 벌써 들었지요, 이 때까지 있겠소? 임자도 나의 마음을 알지요. 임자와 나와 이 년 전에 이 곳으로 도망해 올 적에도 전남편이 나를 죽이겠다고 허리를 찔러 그 흠이 있는 것을 날마다 밤에 당신이 어루만졌지요? 내가 그까짓 칼쯤을 무서워서 나 하고 싶은 것을 못한다 말이오? 흥, 이게 무슨 비겁한 짓이오. 사내 자식이, 자! 찌르려거든 찔러 봐아, 자, 자."

계집은 두 가슴을 벌리고 대들었다. 방원은 너무 계집의 태도가 대담하므로 들었던 칼이 도리어 뒤로 움찔할 만큼 기가 막혔다. 그는 무의식 중에,

"정말이냐?"

하고 한걸음 더 가까이 나섰다.

"정말이 아니고? 내가 비록 여자이지마는 당신같이 겁쟁이는 아니라오! 이것이 도무지 무엇이오?"

계집은 그래도 두려웠던지 방원의 손에 든 칼을 뿌리쳐 땅에 떨어뜨리었다.

이 칼이 땅에 떨어지자 방원은 이 때까지 용사와 같이 보이던 계집이 몹시 비겁스럽고 더러워 보이어 다시 칼을 집어들고 덤비었다.

"에잇! 간사한 년! 어쩔 테냐? 나하고 당장에 멀리 가지 않을 테냐? 자아, 가자!"

그는 눈물어린 눈으로 타일러 보기도 하고 간청도 하여 보았다.

"자아, 어서 옛날과 같이 나하고 멀리멀리 도망을 가자! 나는 참으로 내 칼로 너를 죽일 수는 없다!"

계집의 눈에는 독이 올라왔다. 광채가 어두운 밤에 번개같이 번쩍거리며,

"싫어요. 나는 죽으면 죽었지 가기는 싫어요. 이제 나는 고만 그렇게 구차하게 천한 생활을 다시 하기는 싫어요. 고만 물렸어요."

"너의 입으로 정말 그렇게 말이 나오느냐? 너는 나를 우리 고향에 다시 돌아가지도 못하게 만들어 놓고, 나의 모든 것을 다 잃어버리게 한 후에, 또 나중에는 세상에서 지옥이라고 하는 감옥소에까지 가게 했지! 그러고도 나의 맨 마지막 원을 들어 주지 않을 테냐?"

"나는 언제든지 당신 손에 죽을 것까지도 알고 있소! 자! 오늘 죽으나 내일 죽으나 언제든지 죽기는 일반, 이렇게 된 이상 어서 죽이시오."

"정말이냐? 정말야?"

"정말요!"

계집은 결심한 뜻을 나타내었다. 방원의 손은 떨리었다. 그리고 그는 눈을 감고,

"에이, 여우 같은 년!"

하고 칼끝을 계집의 옆구리를 향하여 힘껏 밀었다. 계집은 이를 악물고,

"사람 죽인다!"

하며 소리 한 번에 그 자리에 거꾸러졌다. 칼자루를 든 손이 피가 몰리는 바람에 우르르 떨리더니 피가 새어나왔다. 방원은 그 칼을 빼어 들더니 계집 위에 거꾸러져서 가슴을 찌르고 절명하여 버리었다.

계집 하인

1

박영식은 관청 사무를 끝내고서 집에 돌아왔다. 얼굴빛이 조금 가무스름한데 노란빛이 돌며, 멀리 세워 놓고 보면 두 눈이 쑥 들어간 것처럼 보이도록 눈 가장자리가 가무스름한데 푸른빛이 섞이었다. 어디로 보든지 호색하는 사람이 아니라고 할 수가 없는 삼십 내외의 청년이다. 문에 들어선 주인을 본 아내는 웃었는지 말았는지 눈으로 인사를 하고 모자와 웃옷을 받아서 의걸이에 걸며,

"오늘 어째 이렇게 일찍 나오셨소?"

하며 조금 꼬집어뜯는 듯한 수작을 농담 비슷이 꺼낸다. 영식은 칼라를 떼면서 체경 앞에 서서,

"이르긴 무엇이 일러, 시간대로 나왔는데."

하고 피곤한 듯이 약간 상을 찌푸렸다.

"누가 퇴사 시간을 몰라서 하는 말요?"

"그럼."

"오늘은 밤을 새고 들어오지를 않았으니까 말예요."

영식의 아내는 구 가정부인으로 나이가 한두 살 위다. 거기다가 애를 여럿 낳고 또 시집살이를 어려서부터 한 탓으로 얼굴이 몹시 여윈데다가 몸에 병이 잦아서 영식에게 대면 아주머니뻘이나 돼 보인다. 그런데

다가 히스테리 기운이 있어 몹시 질투를 하는 성질이었다.

"내가 언제든지 밤을 새우고 다녔소? 어쩌다 한 번 그런 때가 있지."

"어쩌다가 무엇이오? 나는 뻔뻔스러워서도 그런 말은 할 수가 없겠소."

"무엇이 뻔뻔하단 말이요? 어제저녁 하루밤에 더 새고 들어왔소?"

"무엇요? 아이, 기가 막혀. 그끄저께에는 새벽 다섯 시에 들어왔죠. 또 지난번 공일날은 일곱 시에나 들어오지 않으셨소?"

영식은 씽긋 웃어 굴복한다는 뜻을 표하고도 그래도 버티어 보느라고,

"그 때야 연회에서 늦어서 자연히 그렇게 되었지 내가 일부러 그랬나?"

"저런 걸핏하면 연회니 하고 아무것도 모르는 구식 여자라고 속이것다. 그렇지만 나는 못 속여요. 그 이튿날 당신 양복 주머니를 보니까 하이칼라 향수 냄새가 나는 여자 수건이 들었던데 그래?"

"허허, 수건이 있기로 그렇게 이상할 건 없지. 요릿집에서 기생의 수건을 술김에 넣고 온 게지."

이 말을 듣더니 주인 아내는 서랍을 와락 열더니 꽃봉투에 넣은 편지 한 장을 쑥 내놓으며,

"이것도 요릿집에서 술김에 넣어 준 손수건이요? 자! 어서 오늘 저녁에는 이 편지한 여자에게 가서 밤이나 새고 오시우! 나같이 늙어빠진 년을 어떻게 당신같이 젊은이가 생각할 수 있겠소. 밥이나 짓고 빨래나 하지."

영식은 봉투를 물끄러미 보다가 상을 잠깐 찌푸리며,

"이게 어디서 왔소?"

하며 피봉을 이리저리 뒤적거려 보았다. 주인 아내는 소리를 포달스럽

게 툭 쏘아서,

"누가 알우! 그것을 날더러 물어본단 말요? 저런 사내들은 능청맞단 말야. 편지하라고 번지수 알으켜 줄 적은 언제고 지금 와서 시치미를 딱 떼고 어름어름한다?"

영식은 아무 말도 하기 싫다는 것 모양으로 입을 다물고 있다가,

"편지 보낸 사람의 주소와 이름이 없으니 누군 줄 알 수 있나……."

속으로는 벌써 알아챈 것이 있으나 부인이 옆에서 감시를 하므로 어물어물하는 수작을 한다.

"보내는 사람의 주소와 이름은 쓰지 않은 것을 보면 주소나 이름을 말할 것도 없이 안다는 뜻이 아니오. 어서 반갑거든 그대로 반갑다고 그래요. 다른 사연 있겠소? 오늘 밤에 오라는 것이겠지."

"아따, 퍽도 그러네. 편지를 한두 장 받는 터가 아니요 어떻게 안단 말이오. 하지만 누군지는 몰라도 남에게 편지를 하려면 자기의 이름과 주소를 쓰는 법이지…… 아냐, 도루 우체통에 넣어 버려."

하고 짐짓 화나는 체하고 편지를 뜯지도 않고 장머리에다 올려놓았다. 그것은 아내의 마음이 풀리면 슬그머니 갖다 보자는 수작이다.

"왜 보시지를 않소? 어서 보고 가 보시구려. 내 혼자 집 보고 있을게."

서로 이렇게 짤고 까불다가 아내가,

"대관절 나는 혼자 살림살이는 참 못 하겠소."

하고 주인의 약점을 쥐인지라 거침없이 요구가 나온다.

"할멈이 간 후에 혼자 숱한 살림살이를 하자니까 사람이 죽겠구려."

"왜, 사람 하나를 얻으라니까 얻지 않고 그래."

"사람이 어디 그렇게 입에 맞은 떡처럼 있소?"

"그래도 수소문하면 있겠지."

"그런데 나리."

이번에는 아내 쪽이 수그러지며 말소리가 공손해진다.

"왜 그러우?"

하는 영식의 얼굴에는 위엄을 꾸몄다.

"저 오늘 박 주사 댁이 와서 사람 하나를 지시하마 하였는데 당장에
라도 불러올 수 있다고, 자식도 없고 서방도 없는데 일을 썩 잘 한
대."

하며 주인을 타이르기에 전력을 다하다시피 한다.

"나이는 얼마나 되었는데?"

영식이 나이 묻는 것도 싫어서,

"나이는 아무렇거나 알아 무엇 하시려?"

"아따, 나이 좀 물은 것이 잘못이란 말이오?"

"나이는 퍽 젊답디다. 자세히 물어보지는 않았으나 그렇지만 일도 잘
하고 사람도 괜찮대."

나이 젊다는 것을 들은 영식은 비록 이상한 야심이 생긴 건 아니지만
쓸데없는 호기심이 생기어서,

"그러면 데려오구려. 월급은 전에 있던 노파와 똑같이 주겠지?"

"그렇지."

아내는 잠깐 주저주저하더니 말할 듯 말 듯 하더니 급기야 입을 열면
서,

"그런데요, 인물이 어떻게 생겼는지는 알 수 없으나 박 주사 댁 말을
들으면 인물 하나가 안되었다고."

주인이 말을 듣더니,

"인물이 어떻기에?"

하며 놀라는 듯이 아내를 본다.

"그게 아니라 어려서 불에 디어 얼굴을 찍어맺다구요."

"그럼 보기 싫을걸."

"그래서 박 주사 댁도 보고서 쓰랴거든 쓰고 말랴거든 말라는데 얼굴야 무슨 상관 있소, 일만 잘하면 고만이지."

"그렇지만 너무 보기 싫으면 어떻게 하우?"

"보기 싫어도 눈 있고 코 있겠지. 반쪽은 아닐 테니까."

"하지만 안됐어, 사람이란 인상이 나쁘면 못써. 더구나 친구가 많이 다니는 우리 집에서 불쾌하게 보여서는 안 될걸. 외국에서는 호텔이나 큰 상점의 여사무원도 무엇보다도 인물 시험부터 본다우."

"글쎄 인물만 해반주룩하면 무엇 하우. 일이 첫째 목적인데 일만 잘하면 고만이지, 인물만 이쁘면 첩을 삼을 테요? 회똑회똑하고 석경 앞에서 떨어질 줄이나 모르면 그런 고질을 어떻게 한단 말이오?"

"그래도 사람은 외양에 있지, 그렇게 보기 싫거든 조금 더 기다려 보아서 다른 데 마땅한 것을 데려오지."

아내는 화를 버럭 내며,

"글쎄 딱하기도 하시우. 어느 천년에 다른 것을 데려온단 말요, 좀 보우."

하고 툇마루 끝으로 나가서 빨래 광주리를 헤치면서

"이렇게 빨래가 쌓였구려. 요새처럼 날 좋은 때 하지 않고 언제 한단 말이오. 큰댁 생신이 며칠 안 남았는데 그 동안에 준비는 누가 다 하우. 옷도 한 벌씩은 지어 입어야지. 어린것들은 벌거벗겨 데리고 가우. 나는 시방이라도 데려올 터이야."

"그런 것이 아냐. 왜 김 주사 집에 있던 사람 얌전하더군. 일주일만 지내면 오마고 했으니 그 사람을 데려오지."

아내는 하품을 하며,

"어이, 일주일을 언제 기다린단 말요. 나는 모르겠소. 남의 생각은 조금도 할 줄 모르니까 내가 부릴 사람 내가 데려온다는데 웬 걱정들요."

"그럼 나는 모르겠소. 하고 싶은 대로 하구려. 내 그렇게 악지를 시는 것은."

하고 돌아앉으니까 아내는 그 말이 떨어지기가 무섭게,

"염려 말아요. 내 데려올게."

2

그 날로 양천집이 왔다. 오고 본즉 주인 아내도 유쾌치 못할 만큼 흉한 얼굴을 가졌다. 한쪽 얼굴이 눈 하나를 어울러서 뺨까지 대패로 깎은 듯하고 따라서 눈알이 껍질이 벗겨져서 툭 불그러졌다. 그래 한 눈이 유달리 크므로 다른 한쪽은 또한 몹시 작아 보인다. 거기다가 곰보요 머리는 쥐가 뜯은 것처럼 군데군데 났다. 단 손이 크고 발이 크다.

그러나 아내는 말을 하지 못하고 다만 남편이 들으라는 듯이,

"참 꼴불견이라더니 게 두고 맞췄어. 일은 참 잘해요. 설거지하는 것이라든지 쓰게질하는 것이 또 황소같이 세차게 해."

하고 남편 옆에서 넌지시 말을 하였다. 쥔은 그 말을 들은 체 만 체 하고 신문만 보고 앉아 있다.

며칠이 지났다. 양천집의 흠이 나타나기 시작하였다. 시골서 아무렇게나 자라난데다가 이리저리 떠돌아다녀서 배운 것 없고 본 것이 없어서 어른 아이 알아볼 줄을 모르고 말버릇이 없다. 거기다가 성미가 뾰롱뾰롱하고 소갈머리가 없어서 어떤 때는 주인 아내의 눈짓하는 것도 모르고 제멋대로 하는 때가 있다. 그럴 때마다 주인은 상을 찌푸리고

코웃음을 친다.

어떤 때는 통내외하고 다니는 친구가 와서 보고 주인 귀에다 몰래,

"내보내게. 못쓰겠네. 첫째 남 볼썽이 사나."

하며 권고를 한다. 그럴 때마다 주인은,

"나도 아네. 하지만 온 지가 열흘도 못 된 것을 어떻게 내보내나. 차
차……."

하고 대답만 하여 두었다. 이 눈치를 챈 주인 아내는 그 친구를 몹시 미
워하기 시작하였다.

"별걱정을 다 하네. 오지랖도 꽤 넓지, 남의 집 살림 걱정까지 하게."

하며 옆에다 세워 놓고 욕을 할 적이 있었다. 그럴 적마다 주인은 치밀
어 올라오는 분을 참는다. 학교 다니는 열두 살 먹은 큰아들도 걸핏하
면,

"찍어뱅이, 애꾸눈이!"

하고 놀려먹는다. 그러면 그런 때마다 몽둥이찜이 내린다.

그것이 도화선이 되어 내외 쌈이 된다.

"집안의 위엄이 너무 없어."

하고 남편이 호령을 하면 아내는,

"자식들이 너무 버릇 없어."

하고 대든다. 공연히 사람 하나 데려온 것이 집안을 불화하게 만들어
놓았다.

그러자 양천집에게 하루는 기별이 오기를, 동서가 죽었는데 초상 볼
사람이 없으니 급히 와 달라 하였다.

양천집은 황망히 그리로 갔다. 일을 하다 말고 갔으므로 주인 아내는
어쩔 줄을 몰랐다. 어떻든 속히 오라고 하기는 하였으나 한시가 액액한
지라 혼자 걱정만 하고 있었다.

그 때에 주인은 생각하기를 이런 좋은 기회를 잃지 말고 얼른 다른 것을 불러오겠다 하였다.

그래서 하루는 아내를 동정하듯이,

"일하던 것을 그대로 두고 가서 어떻게 한단 말이오!"

하고 은근히 의논을 하였다.

"글쎄 말요. 빨래는 허다 말고 그대로 내버리고 가서 그것도 걱정이오. 내가 손이 나야 바느질이라도 할 터인데."

주인은 이 말을 듣더니,

"그것이 오고가는 데 적어야 이틀은 걸릴 것이요, 초상을 치르자면 사흘은 걸릴 터이니, 적어도 닷새는 될 터이란 말야."

"그래요. 허지만 어디 그렇게 꼭꼭 날짜대로 일이 되오, 조금 늦기가 쉽지."

"그러면 여보, 그것이 나려올 때까지 김 주사 집에 있던 것을 데려다 둡시다그려."

이 말에 솔깃한 아내는,

"하지만 어떻게 왔다가 도루 가라고 그런단 말이오?"

"무얼, 돈냥이나 더 주면 고만이지."

"글쎄."

피차 타협이 되어 김 주사 집에 있던 점순 어멈을 데려왔다.

사람이 체나서 영리하고 인물도 반반하며 일도 하질 못하지 않고 말솜씨라든지 어린애 보는 것이 주인 맘에도 솔깃하였다. 그러나 주인 아내는 쓸데없이 의심을 내어서 주인이 점순 어멈에게 하는 행동을 눈여겨보지 않는 것이 없다.

"점잖은 사람이 그럴 리가 있나."

하고 혼자 위로도 하였다가,

"그렇지만 알 수 있어야지, 그런 짓이란 옛날부터 없는 일이 아니고."
하며 공연한 걱정을 한다. 그런 기색을 볼 때마다 주인은 혼자 웃으면서 속으로는 일상 같이 노는 기생 점고만 하고 앉아 있다.

일주일이 지났는데도 양천집이 오지를 않다가 열흘이 넘어서야 왔다. 문간에 들어서기 전까지도 혹시 내가 늦게 와서 다른 사람을 그 동안에 두지나 아니하였을까 하는 걱정이 생기며 공연히 가슴이 두근거렸다. 시골서 서울까지 걸어오는 길에서도 손가락을 꼽아 가며,

"벌써 열흘이지."
하다가,

"만일 다른 사람이 있으면 나는 내쫓길 터인데."
하고 걱정이 되어 애꾸눈을 두리번두리번하였다.

"실상은 늦게 오랴 늦게 온 것이 아니라 짚신이 떨어져서 그 값을 버느라고 옆엣집 방아를 이틀 동안 찧어 준 죄밖에는 없는데."
이렇게 걱정이 되어서 궁리가 대단하여,

"만일 나가라면 그 집에서 찾을 돈이 얼마나 되누. 열흘 동안 있었으니 한 달에 삼 원을 몇으로 쪼개야 되나."
하고 길거리에 앉아서 모래알을 서른 개 주워 가지고 닷 냥 열 냥 하고 삼십 분이 넘도록 셈을 보아서 일 원이라는 것을 발견은 하였으나 그래도 자기의 구구를 믿을 수가 없어서 어떤 주막에 들어가,

"여보, 영감님!"
하고 사정 이야기를 하고 자기 구구가 맞았느냐고 물어보았다. 그 늙은이 역시 한참 있다가 꾸물꾸물하더니,

"그런가 보외다."
하고 몽롱하게 대답을 한다. 기연가미연가하여 반신반의로 어떻든 일 원은 주겠지 하고 서울까지 왔다.

문을 열고 들어서니까 낯선 사람 하나가 밥솥을 씻는다. 두 사람의 눈이 마주칠 때에는 마치 고양이가 쥐 노리듯 무서웁고 암상스러운 질투의 광채가 두 눈에서 번개처럼 번득이었다. 서로 자기의 지위와 자리를 빼앗기지 아니하려고 경계를 하였다.

　"어서 오게."

　주인 아내가 나오며,

　"왜 이렇게 늦었어?"

하는 소리는 풀이 없고 쌀쌀한 듯하게 양천집 귀에 들렸다.

　"급히 볼일이 있어 늦게 왔어요."

　"무슨 볼일이 그리 급했담."

　양천집은 마루 끝에 와 서서 주인 아내를 보며,

　"저 사람은 누구예요?"

하며 부엌을 가리켰다.

　"응, 새로 온 사람야."

　양천집은 얼굴이 빨개졌다. 그리고는 얼마간 아무 말이 없다가 속으로 헤아려 보았다. 저 사람은 자기보다 우선 인물이 곱다는 것이 여간 샘이 나지 않았다. 또는 자기처럼 투박한 시골 사람이 아니라는 것이 샘이 났다.

　"어떻든 다리나 좀 쉬게. 그리고 되는대로 결말을 내줄 터이니."

　처음에 온 양천집과 나중 온 점순 어멈 사이에는 암투가 시작되었다. 그 암투는 결코 상대자를 해하는 것이 아니라 자기의 힘과 정성을 다하여 주인에게 잘 보이려는 것이었다.

　점순 어멈이 밥상을 보면 양천집은 설거지를 하고, 양천집이 마당을 쓸면 점순 어멈은 마루를 훔쳤다. 방이 끝나면 세간을 닦고 먼지를 털면 물을 뿌렸다. 네가 하면 내가 한다. 서로 겨끔내기로 하는 바람에 좋아지기는 주인밖에 없다. 나중에는 주인의 구두닦기며 뒷간까지 말끔히 쓸어 놓았다.

그날 저녁 주인 내외는 서로 앉아서 의논을 하였다.

"어떻게 해야 좋겠소?"

"글쎄."

"하나는 있던 것이니까 박절히 가라 할 수도 없고 또 나중 온 것은 며칠 되지 않았는데 어떻게 가라고 해요?"

"허지만 제가 가서 늦게 오기 때문에 사람을 둔 것이지 제가 속히 왔어도 두어?"

하고 전것을 내미는 말을 하였다.

"그렇지만 나중 온 것은 나리 말씀과 마찬가지로 임시로 두기로 하지 않았소?"

하며 아내는 전것을 그대로 둘 의향이다.

"아따, 그 때는 그랬지만 사람 둘을 놓고 보아요, 어느 것이 나은가?"

"사람야 둘이 다 괜찮지."

"무엇야? 둘이 다 괜찮다니, 그래 얼거뱅이 찌거뱅이에다 악상꾼이요 또 보고 배운 것이 없는 것과, 인물 얌전하고 말솜씨 있고 사람 영리한 것하고 똑같단 말요? 온, 말을 해도 조금이나 동에 닿는 말을 해야지."

"그렇지만 경우가 그렇지 않소."

"경우가 무슨 경우야, 내 돈 주고 나 사람 쓰는데 내 맘에 들면 두고 그렇지 않으면 내보내는 것이지 경우가 다 무엇이야."

이렇게 싸우다가 결국은 돈 소리에 아내가 고개가 숙여지기 시작한다. 남편은 화증을 와락 내면서,

"아따 맘대로 하구려, 나는 그런 돈을 낼 수가 없으니 나중것을 두든

지 먼첨것을 두든지 멋대로 하우."

하고 돌아 드러눕는다. 아내는 남편을 타이르려고,

　"그렇게 화까지 내실 것이 있어요? 좋을 대로 하지."

　그 이튿날 점순 어멈과 양천집은 아침을 해 치르기 전에 주인 앞에
서서 간택하기를 기다렸다. 영리한 점순 어멈은 벌써 자기가 승리자인
것을 알아채고서,

　"나리 처분대로 하시지요."

하고 금치 못하여 나타나는 기꺼운 빛이 얼굴에 보이고 양천집은 자기
자리를 빼앗긴 것이 분하여,

　"제가 있어야 옳지요. 제가 다니러 간 새에 저 사람은 임시로 와 있었
　으니까요."

하고 잡았던 것을 빼앗기는 사람이 그것을 빼앗기지 않으려는 듯이 억
지 겸 변명을 한다.

　"그렇지만,"

　주인은 엄연히 서서,

　"자네는 가서 오지 않았으므로 저 사람을 둔 것이지 자네를 내보내려
　고 그러한 것은 아냐. 그러니까 오늘부터는 둘 수가 없으니 용량해
　하게."

　점순 어멈은 북받치는 즐거움을 이길 수가 없어서 돌아서서 씽긋 웃
는다. 양천집은 눈물이 그렁그렁하여

　"그렇지 않습니다. 저 사람은 제가 올 때까지 잠깐 와 있던 사람이요,
　저는 처음부터 있었으니까요."

　"그러니 어쨌단 말야. 나는 더 말할 수 없어."

하고 사랑으로 나갔다.

　주인 아내도 하는 수 없다는 듯이,

"나리께서 그렇게 말씀을 하시니 나도 헐 말이 없네."

짝짝이 눈에서 눈물이 흐르며 그는 마지막으로 힘있게 하는 소리가,

"그러면 제가 받을 돈이나 주세요."

하고 손을 내밀었다.

"그것야 그러지."

하고 아내는 돈 일 원과 약간의 은전 몇 푼을 갖다 쥐어 주며,

"자, 미안하니 신이나 한 켤레 사 신게."

하고 양천집의 손에 돈이 놓일 제, 그는 눈물이 젖은 얼굴이 반갑고 좋은 마음에 실룩실룩하고 떨리더니 마음이 적이 풀리어 인사를 하고 문밖으로 나갔다.

행랑 자식

1

어떠한 날, 춥고 바람 많이 불던 겨울밤이었다.

박 교장의 집 행랑에서 글 읽는 소리가 나더니 꺼져 가는 촛불처럼 차츰차츰 소리가 가늘어 간다. 그러다가는 다시 옆에서 어린애 입에 젖꼭지를 물리고서 졸음 섞인 꽥 지르는 소리로,

"어서 읽어!"

하는 어머니 소리에 다시 글소리는 굵어진다.

나이는 열두 살. 보통학교 4년급에 다니는 진태라는 아이니 그 박 교장의 행랑 아범의 아들이다.

왱왱 외던 글소리는 단 2분이 못 되어 다시 사라졌다. 그리고는 동리 집 시계가 11시를 치는 소리가 들리더니 사면은 고요하였다.

2

이튿날 날이 밝은 뒤에 보니까 온 마당, 지붕, 나뭇가지에 눈이 함박같이 쏟아졌다. 그런데 아직까지도 눈이 다 그치지 않고 보슬보슬 싸라기눈이 내려온다.

진태는 문 뒤에 세워 놓았던 모지랑비를 들고 나섰다. 처음에는 새로

빨아 놓은 하얀 요 위에 뒹구는 것처럼 몸 가볍고 마음 상쾌한 기분으로 빗자루를 들었으며, 모지랑비와 약한 자기 팔로써 능히 그 많은 눈을 쳐 버릴 줄 알았으나, 두어 삼태기를 가까스로 퍼 버리고 나니까 팔이 떨어지는 것 같고 허리가 부러지는 듯하였다. 그러나 아니 칠 수는 없었다. 날마다 아침에 일어나서 마당을 쓰는 것이 자기의 직분이다.

어머니는 안으로 밥을 지으러 들어가고 아버지는 병문으로 인력거를 끄을러 나갔다.

한두 삼태기를 개천에 부은 후에 다시 세 삼태기를 들고서 낑낑하면서 개천으로 간다. 두 손끝은 눈에 녹아서 닭 튀해 뜰 때 발 허물 벗겨 내듯 빠지는 듯하고 발끝은 저려서 토막을 내는 듯하다.

그는 발을 억지로 옮겨 놓았다. 눈이 든 삼태기가 자기를 끌고 가는 듯하다. 그렇게 그가 길 중턱까지 갔을 때 그의 팔의 힘은 차차 없어지고 다리에 맥이 휙 풀리었다. 그래서 그는 손에 들었던 눈 삼태기를 탁 놓치었다. 그러자 누구인지,

"이걸 좀 보라."

하는 어른의 호령 소리가 바로 자기 머리 위에서 들리자 고개를 쳐들고 보니까, 교장 어른이 아침 일찍이 어디를 다녀오시다가 발등에다가 눈을 하나 잔뜩 덮어쓰시고 역정나신 얼굴로 자기를 내려다보고 계신다. 진태는 그만 얼굴이 홧홧하여졌다. 그리고 아무 말도 못하고 그대로 멀거니 서 있었다. 그는 무엇으로 그 미안한 것을 풀어야 좋을지 알지 못하였다. 그러다가 하얀 새 버선에 검은 흙이 섞인 눈이 묻어 있는 것을 보고서 자기의 손으로 그것을 털어 드리면 얼마간 자기의 죄가 용서되리라 하고서 허리를 구부려 두 손으로 그 버선등을 털어 드리려 하였다. 그러나 교장은 한 발을 탁 구르시더니,

"고만두어라. 더 더럽는다."

하시고서,

"엥!"

하시며 안으로 들어가시었다. 진태는 무참하였다. 손에는 어제저녁에 습자 쓰다가 묻은 먹이 꺼멓게 묻어 있다. 털어 드리면은 잘못을 용서하실 줄 알았더니 더 더러워진다 핀잔을 주시고 역정을 더 내시는 것 같다. 그래서 그는 어떻게 해야 좋을지 알지 못하여 그대로 멀거니 서 있었다. 무참을 당하여 얼굴도 홧홧하고 두 손에서는 불이 난다.

그래서 그는 안으로 들어가지 못하고 행랑 자기 방으로 들어가는데 안마루 끝에서 주인 마님이,

"아 그 애녀석도, 눈이 없는가? 왜 앞을 보지 못해?"

하는 소리를 듣고서는 쥐구멍으로라도 들어가 버리고 싶도록 온몸이 움츠러졌다. 그리고는 자기 뒤로 따라 나오며 주먹을 들고서 때리려 덤비는 자기 어머니가,

'이 망할 녀석, 눈깔을 얻다 팔아먹고 다니느냐?'

하고 덤비는 듯하여 질겁을 하여 방 안으로 들어갔다.

아니나 다를까, 조금 있더니 보기 싫은 젖퉁이를 털럭털럭하면서 어머니가 쫓아나왔다.

"이 망할 녀석, 눈깔이 없니? 나리 마냄 새 버선에다가 그것이 무엇이냐? 왜 그렇게 질뚱발이냐, 사람의 자식이."

어머니는 그래도 말이 적었다. 그리고는 곧 다시 안으로 들어갔다.

진태는 간이 콩알만하게 무서운 것은 둘째 쳐 놓고, 웬일인지 분한 생각이 난다. 아무리 생각을 하여도 자기 잘못 같지는 않다. 자기가 눈 삼태기를 들고 가는데 교장 어른이 딴생각을 하면서 오시다가 닥달린 것이지 자기가 한눈을 팔다가 그리한 것은 아니다.

그래서 웬일인지 호소할 곳이 없어 그는 그대로 방바닥에 엎드러졌

다. 그리고는 고개를 두 팔로 얼싸안고 자꾸자꾸 울었다. 그는 눈물이 방바닥에 떨어지는 것을 알았다. 삿자리 깐 그 밑으로 흙내가 올라오는 것을 맡았다. 그리고는 어머니도 걱정을 하고 아버지도 걱정을 할 터요, 더구나 아버지가 이것을 알면은 돌짝 같은 손에 얻어맞을 것을 생각하매 몸서리가 난다. 그는 신세 한탄할 문자를 모르고 말도 모른다. 어떻든 억울하고 분하였다. 그렇다고 어디 가서 호소할 데도 없었고 분풀이 할 곳도 없었다.

그가 방바닥에 한참 엎드려서 느껴 가면서 울고 있을 때 방문이 펄썩 열리었다. 그는 깜짝 놀랐으나 돌아보지도 않았다. 그의 생각에는 그 문 여는 사람이 어머니려니 하였다. 그래서 약한 마음에 이렇게 우는 것을 보면은 어머니는 나를 위로하여 주려니 하였다. 그래서 어머니가 일어나라고 하기만 기다렸다.

그러나 한참 아무 소리가 없더니,

"애!"

하고 험상스럽게 부르는 사람은 자기 아버지다. 그는 위로를 받기커녕 벼락이 내릴 것을 그 찰나에 예감하였다. 그는 눈물이 쑥 들어가고 온몸이 선뜩하였다.

이번에는 꽥 지르는 소리로,

"애, 일어나거라, 이것아."

하는 아버지의 성난 얼굴이 엎드린 속으로 보인다. 그는 그러나 벌떡 일어나지는 못하였다. 자기 눈 가장자리에는 눈물이 묻었다. 그 눈물을 보면은 반드시 그 우는 곡절을 물을 터이다. 그 대답을 하면은 결국은 벼락이 내릴 터이다. 그래서 일어나지도 못하고, 그대로 있지도 못하고 그의 가슴은 초조하였다.

두 발이 성큼 방 안으로 들어오는 듯하더니 무쇠 갈구리 같은 손이 자기 저고리 동정을 꿰들어 번쩍 쳐들었다. 그는 쇠판에 매달린 쇠고기 모양으로 반짝 들리었다.

"울기는 왜 우니?"

하는 그의 아버지도 자식 우는 것을 볼 때 어떻든 그 눈물을 동정하는 자정이 일어나는지 목소리가 조금 낮아지며 또는 웃음이 섞이었으니 그 것은 그 눈물나는 마음을 위로하려는 본능이다.

"왜 울어?"

대답이 없다.

"글쎄, 왜 우니?"

가슴은 타나 대답할 수는 없었다.

"엄마가 때려 주던?"

진태는 고개를 내흔들며 느껴 울었다.

"그러면 왜 우니? 꾸지람을 들었니?"

"아—뇨."

진태는 다시 고개도 흔들지 않았다.

"그럼 왜 울어. 말을 해."

아버지는 화가 나는 것을 참았다. 그리고는,

"이 자식아! 말을 해라. 왜 벙어리가 되었니? 말이 없게!"

하고서는 무슨 생각을 하였는지 여러 번 타일러 보다가,

"웬일야!"

하고 혼잣말을 하더니 바깥으로 나아간다. 그것은 근자에 볼 수 없는 늘어진 성미였다. 아마 어멈에게 물어볼 작정이었던 것이다.

아범은 문밖으로 나아갔다. 그러더니 다시 들어오며,

"삼태기 어쨌니? 응, 삼태기?"

하며 안팎으로 들락날락하는 서슬에 안부엌에서 어멈이 설거지를 하면서,

"왜 아까 진태가 마당을 쓴다고 가지고 나갔는데."

하고,

"걔더러 물어보구려."

한다. 아범은 화가 나는 듯이,

"그런데 쭉쭉 울고 있으니 무엇이라고 그랬나?"

하며 어멈을 본다.

그러자 안마루에서 마님이 무엇을 보다가 운다는 소리를 듣더니 미안한 생각이 났던지,

"아까 눈인가 무엇인가 친다고 나리 마님 발등에다가 눈을 쏟아뜨렸다네. 그래서 어멈이 말마디나 한 것인 게지."

아범의 눈은 실룩해졌다. 그리고는 잡아먹을 짐승에게 덤비려는 호랑

이 모양으로 고개가 쓱 내밀리더니 어깨가 으쓱 올라간다. 그리고는 아무 말 없이 바깥 행랑으로 나아간다.

바깥으로 나온 아범은 다짜고짜로 방문을 열어젖혔다. 그의 생각에는 주인 나리의 발등에 눈 엎은 것은 외려 둘째이다. 삼태기 하나 잃어버린 것이 자기 자식을 쳐죽이고 싶도록 아깝고 분하고 망할 자식이다.

"이 녀석!"

자기 아들을 움켜잡았다.

"이리 나오너라."

진태는 두 손, 두 다리를 가슴에다 모으고서 발발 떨면서 자기 아버지만 치어다본다.

"이 망할 자식, 울기는 애비를 잡아먹었니, 에미를 잡아먹었니? 식전 아침부터 홀짝홀짝 울게."

하더니 돌덩이 같은 주먹이 그의 등줄기를 보기좋게 울리었다.

"에그 아버지, 에그 아버지."

하며 볶아치는 소리가 줄을 대어 나왔으나 그 뒷말은 없었다. 매를 맞는 진태도 잘못했습니다를 조건 없이 할 수는 없었다.

"무어야 아버지, 이 녀석, 이 망할 자식."

하고서는 사정없이 들이 팬다.

울고, 호령하는 소리가 야단스럽게 나니까 어멈이 안에서 뛰어나오며,

"인제 고만두, 고만둬요. 요란스럽소."

하고 만류를 한다.

"이게 왜 이래. 가만 있어. 저리 가요."

하고 팔꿈치로 뿌리치고는,

"이놈아 그래 눈깔이 없어서 나리 마님 버선에다가 눈을 들이부어 놓

고 또 무엇에 마음이 팔려서 삼태기를 밖에다가 놓아 두어 잃어버리게 했니? 응, 이 집안 망할 자식!"

아범의 손이 자기 아들의 볼기짝, 등허리, 넓적다리 할 것 없이 사정없이 때릴 때마다 어린 살에는 푸르게 멍이 들고 피가 맺힌다.

그럴 때마다 눈앞에서 자기 손에 매달려 애걸하는 자기 아들이 보이지 않고 안방 아랫목에 앉아 있는 주인 나리가 보인다. 그리고는 자기 아들을 때리는 것 같지 않고 자기 주인 나리를 욕하고 원망하고, 주먹질하고 싶었다.

"인제 고만 좀 두."

하고 어멈은 자식을 가로챘다. 그래 가지고는 다시 자기 아들을 끼어안았다.

3

그 날 해가 3시나 넘어 4시가 되었다. 진태는 학교에 다녀왔다.

앞대문을 들어오려다가 보니까 새로이 삼태기 하나를 사다 놓은 것이 눈에 띄었다. 싸리나무로 얽은 누렇고 붉은 삼태기를 볼 때, 그의 매맞은 자리가 다시 아프고 얼얼하다.

툇마루에 걸터앉으니까 어머니는 상에다 밥을 차려 가지고 방으로 들어오라고 부른다. 방 안에는 모닥불이 재만 남았는데, 인두 하나가 꽂히어 있고, 또는 다 삭은 화젓가락과 부삽 하나가 꽂혀 있다. 어머니는 누더기 천에다가 작년에 낳은 어린애를 안고서 젖을 먹인다. 어린애는 젖꼭지를 물고서 입을 오물오물하면서 한 손으로 다른쪽 젖꼭지를 만진다.

진태는 그 동생을 볼 때 말없이 귀여웠다. 그래서 손가락으로 볼따구니도 건드려 보고, 엇구엇구 혓바닥 소리를 내어서 얼러 보기도 하였다.

어린애는 벙싯 웃었다. 그리고는 젖꼭지를 쑥 빼고서 진태를 돌아다 보았다.

어머니는 침착한 얼굴로 어린애의 손가락만 만지고 있더니,

"옜다."

하고 어린애를 내밀면서,

"좀 업어 주어라."

하고서 어린애를 곤두세운다. 그러자 진태는,

"밥도 안 먹고!"

하고 밥을 얼른 먹고서 어린애를 업으려 하였다. 그러나 진태의 집에는 아직 밥을 짓지 않았다. 어머니는 안에 들어가 밥을 지으려 하기는 해도 우리 먹을 밥은 지으려 하지 않는다.

진태는 어머니가 안으로 들어간 후 어린애를 업고서 방 안으로 왔다 갔다 하면서, 밥을 짓지 않으니 아마 쌀이 없나 보다 하였다. 그리고는 아버지가 얼른 돌아와야 할 것이라 하였다.

진태는 뚫어진 창 틈으로 바깥을 내다보면서 아버지가 혼자 인력거를 끌어서 쌀 팔 돈을 가지고 오지나 않나 하고서 고대하였다.

그래도 미심하여서 그는 쌀 넣어 두는 항아리를 들여다보았다. 들여다보니까 겨 묻은 쌀바가지가 쾅 빈 시커먼 항아리 속에 들어 있을 뿐이다. 진태는 힘없이 뚜껑을 덮고서 섭섭한 마음으로 방 안을 왔다갔다 하였다. 어린애는 등에서 꼼지락꼼지락하고서 두 발을 비빈다.

"오늘도 또 밥을 하지 못하는구나."

하고서 펄럭펄럭하는 문을 열고 쪽마루로 내려왔다. 내려와서는 냄비가 걸려 있는 아궁이 밑을 보았다. 거기에는 타다 남은 푼거리 장작이 두어 개 잿속에 남아 있다.

그는 다시 장작 갖다 놓아 두는 부엌 구석을 보았다. 거기에는 부스

러기 나무도 없다.

　바람이 불어서 쓸쓸스러운 행랑의 씻은 듯한 살림살이를 핥고 지나가고, 으슴츠름하게 어두워 가는 저녁날은 저녁 못 지을 것을 생각하고 섭섭한 감정을 머금은 진태의 어린 마음을 눈물나게 한다.

　조금 있다가 어머니는 허둥지둥 나왔다. 아마 부엌에 불을 지피고 나온 모양이다. 진태의 눈에는 아궁이에서 타 나오는 장작불을 한 발로 툭툭 차 넣던 어머니의 짚세기 발이 보인다.

　어머니는 나오면서 등에 업힌 어린애를 보더니,

　"에그 추워! 저런, 무엇을 좀 씌워 주려무나."

하고서,

　"남바위 어쨌니? 손이 다 나왔구나."

하더니 방으로 들어가 진태가 돌에 쓰던 것이니까 10년이나 되는 남바위(추울 때 머리에 쓰는 방한구)를 들고 나온다. 털은 다 떨어지고, 비단은 다 삭았다.

　그것을 어린애에게 씌워 주고 어머니는 다시 문밖을 내다보고 5분이나 서 있었다. 진태도 그 서 있는 의미를 짐작하였다. 아버지 돌아오시기를 기다리는 것이다.

　그러다가 어머니는 갑자기 덜미에서 누가 딱 하고 놀래는 것처럼 깜짝 놀라며 다시 안으로 들어가려고 돌아섰다.

　그 때 진태는,

　"저녁 하지 않우?"

하고서 어머니 뒤를 따라 들어갔다. 어머니는 화가 나고 초조하던 판에,

　"밥도 쌀이 있고 나무가 있어야지."

하고 소리를 꽥 지른다. 진태 잔등에 업혀 있던 어린애가 깜짝 놀라며 와 운다.

진태는 어린애를 주춤주춤 추슬러 달래면서 아무 말 못하고 섰다.

어머니는 다시 안으로 들어갔다. 진태도 따라 들어갔다. 그리고는 부엌 앞에 앉아서 불을 넣고 앉았었다.

4

날이 어둡고 전깃불이 켜지었으나 밥을 하지 못하였다.

그리고 아버지도 아직 돌아오지를 않는다. 진태 어머니가 상을 차려 드리고 바깥으로 나오려고 하니까 마님이,

"어멈."

하고 부르신다.

"네."

하고서 어멈은 문을 열려다가 다시 돌아다보았다.

"오늘 저녁을 하였나?"

어멈은 조금 주저주저하다가,

"먹을 것 있어요."

하고서 부끄러운 웃음을 웃었다.

"아범 들어왔나?"

"아즉 안 들어왔에요."

"그럼 저녁도 짓지 못하였겠네그려."

어멈은 아무 말도 없었다. 마님은 벌써 알아채고서,

"그래서 되겠나? 어린것들이 치워서 견디겠나."

하고서,

"자, 이것이나."

하고서 상 끝에 먹다 남은 밥을 이 그릇에서 저 그릇으로 모두어 놓으

면서,

"그놈도 들어오라구 그래. 불도 안 땐 모양이지? 추워서들 견디겠나.
어른은 괜찮겠지마는 어린애들이⋯⋯."

하고서,

"어서 그놈도 들어오라고 해."

하며 어멈을 치어다본다. 어멈은 다행히 여겨 바깥으로 나오며

"애, 진태야!"

하며 진태를 부른다.

"왜 그러세요?"

진태는 문밖에 섰다가 문 안으로 들어오며 묻는다.

"들어가자!"

"어데로?"

"안으로 말야. 마님이 밥 먹으러 들어오라신다."

진태의 얼굴은 당장에 새빨개지더니,

"왜, 아버지 들어오시거든 밥을 지어 먹지."

"어대 들어오시니."

"언제든지 들어오시겠지."

"들어가. 부르시니⋯⋯."

진태는,

"싫어요."

하고서 돌아섰다.

진태의 마음에는 아까 아침에 나리의 버선등을 더럽힌 것을 생각하매
다시 마님의 낯을 뵈옵기도 부끄럽거니와 아무것도 잘못한 것이 없는데
아버지에게 매를 맞게 한 것이 분하기도 하였다. 그런데다가 안방에는
자기와 동갑 되는 교장의 딸이 자기와 같은 학교 여자부에 다니는데,

그 계집애 보기에 매맞은 것이 부끄럽다.

"애, 나중에는 별소리를 다 듣겠네. 어서 들어가자."

어머니는 재촉을 한다.

"어서 들어가."

진태는 심술궂게,

"싫어요, 나는 밥 얻어먹으러 들어가기는 싫어요."

하고 소리를 질렀다.

"빌어먹을 녀석. 기다리셔, 안에서."

"기다리시거나 말거나 나는 안 들어가요."

어멈 마음에도 자기 아들의 말하는 것이 잘못이 아니었다. 그리고 꾸짖기는 고사하고 동정할 만한 일이었으나, 그래도 당장에 배고파할 것과 또는 자기도 밥을 먹어야지만 어린애 젖을 먹일 것이다. 그래서 자기 아들의 굳은 의지를 어머니 된 위력으로 꺾지 않을 수 없었다.

"안 들어갈 터이냐?"

그 말을 하고 부지깽이를 찾는 척할 때 그는 웬일인지 하지 못할 짓을 하는 비애를 깨달았다.

"싫어요."

진태는 우는 소리로 거절하였다

"싫으면 밥 굶을 터이냐?"

"굶어도 좋아요."

"어디 보자. 어린애나 이리 내라."

어린애를 안고서 어머니는 안으로 밥을 얻어먹으러 들어갔다. 그러나 진태는 방에 들어가 깜깜한 속에 드러누워 있었다.

그 날 어째 그렇게도 섧고 분하고 쓸쓸한지 모르겠다. 어째 이런가 하는 생각이 난다. 그리고 아버지나 얼핏 들어왔으면 좋겠다 하였다.

10분이 못 되어 어머니는 다시 나왔다.

"애."

하고 문을 열고 고개를 들이밀며,

"마님이 들어오래신다. 어서, 어서."

진태는 그대로 누운 채 다시 돌아누우며,

"싫어요, 안 들어가요."

"나리가 걱정하셔."

"싫어요, 글쎄."

어멈은 다시 들어갔다. 그리고 5분이 못 되어 또 나오는 소리가 들렸다. 그러더니 이번에는 문을 열고서,

"그럼 옜다!"

하고 무엇을 내민다. 진태는 방바닥이 차디차고 찬바람이 문틈으로 스쳐 들어오는 것을 막기 위하여 이불을 내리덮고 새우잠을 자다가 어머니 소리를 듣고서,

"무엇예요?"

하다가 얼른 목소리를 잡아당겼다.

"자, 밥이다. 먹고 드러누워라. 이 치운데 저것이 무슨 청승이냐."

진태는 온 전신을 사를 듯이 부끄러운 감정이 확 흐르며,

"글쎄 싫다니까. 안 먹어요, 먹기 싫어요."

어머니는 들어왔다. 진태를 밀국수 방망이 밀듯이 흔들흔들 흔들면서 타이르고 간청하듯이,

"일어나거라, 응! 일어나."

진태는 더욱 담벼락으로 가까이 가며,

"싫어요. 나는 배고프지 않아요."

하고서 고개를 이불로 뒤집어쓰고 아무 말이 없다.

"고만두어라. 너 배고프지 나 배고프겠니?"

하고서 그대로 안으로 들어가려 할 때,

"에 추워"

하고서 들어오는 사람은 자기 아버지다. 어멈과 아범은 맞닥뜨렸다.

"이건 눈깔이 빠졌나. 엑구 시……."

하며 아범이 소리를 질렀다.

"어두워서 보이지 않는구려."

하고서 여성답게 미안한 어조로 어멈은 말을 한다. 이 한 번 맞닥뜨린 것이 빈손으로 들어오는 자기 남편을 몰아셀 만한 용기를 꺾어 버리었고, 주머니 속이 비어 있는 아범은 또한 큰소리를 할 만한 용기를 줄게 하였다.

"어떻게 되었소?"

"무엇이 어떻게 돼? 큰일났어 큰일. 벌이가 있어야지. 저녁은 어떻게 했나?"

"여보, 그 정신 나간 소리는 좀 두었다 하우. 무엇으로 저녁을 해요."

아범은 아무 소리 못 하고 방 안으로 들어갔다. 진태는 일어나 앉았다. 그리고는 속으로 반갑기는 그만두고 한 가닥의 희망까지 끊어져 버리었다.

"그럼 어떻게 하나?"

아범은 불 켤 것도 생각지 않고서 한탄을 한다.

"그래 한푼도 없소?"

"아따, 이 사람아! 돈 있으면 막걸리 먹었게."

막걸리라는 소리가 어멈의 성미를 겨웠다.

"막걸리가 무어요? 어린 자식들은 치운 방에서 배들이 고파서 덜덜 떠는데 그래도 막걸리요? 그렇게 막걸리가 좋거든 막걸리 장수 마누라나 하나 데불고 살거나 막걸리 독에 가서 거꾸로 박히구려. 그저 막걸리 막걸리 하니 언제든지 막걸리 신세를 갚고야 말 터이야, 저러다가는."

"글쎄 그만둬요. 또 여우 모양으로 톡톡거려. 엥, 집에 들어오면 여편네 꼴 보기 싫어서."

하고 입맛을 쩍쩍 다신다.

진태는 옆에서 그 꼴만 보다가 불을 켜고 있었다.

"그럼 저녁을 먹어야지."

하고는 아범은 꽤 시장한 모양으로 없는 궁리를 하려 하나 아무 궁리도 없다.

"이것이나 먹구려."

하고 어멈은 진태를 주려고 국에다 만 밥을 내놓으니까,

"그게 무어야?"

하고 숟가락으로 두어 번 떠먹어 보더니,

"너 저녁 먹었니?"

하고서 진태를 돌아다본다. 진태는 말을 하려야 할 수도 없거니와 말하기도 전에 어멈이,

"안 먹었다우."

하고 진태를 책망도 하고 원망도 하는 듯이 흘겨보았다.

"왜?"

하고 아범은 숟가락을 든 채로 그대로 있다.

"누가 알우, 먹기 싫다는 것을."

"그럼 배고프겠구나."

하고서 밥그릇을 내놓으면서,

"좀 먹으련?"

하니까 진태는,

"싫어요."
하고서 멀리 피해 앉는다.
"왜 그러니?"
"먹을 마음이 없어요."

30분쯤 지났다. 문밖에서 어멈이,
"진태야! 진태야!"
하고 부른다. 진태는 그 부르는 어조가 너무 은밀한 듯하므로,
"네."
대답 한 번에 바깥으로 나아갔다. 어머니는 대문간에 손에다가 무엇
인지 가느다란 것을 쥐고 서 있다.
"저……."
하고 어머니는 헝겊에 싼 것을 풀더니,
"이것 가지고 전당국에 가서 70전이나 80전만 달래 가지고 싸전에
    가 쌀 닷 홉만 팔고, 나무 열 냥어치만 사 가지고 오너라."
한다. 진태는 얼른 알아채었다. 옳지, 은비녀구나. 자기 집 안에 값진
것이라고는 어머니 시집올 때 가지고 온 그 비녀 하나하고, 굵다란 은
가락지뿐이다.
　진태는 그것을 받아들었다. 그리고는 전당국을 향하여 간다. 전당국
이 잡화상 옆에 있는 것이 제일 가깝고, 조금 내려가면 이발소 윗집이
전당국이다. 그러나 첫째 집은 가지를 못한다. 그것은 그 전당국 주인의
아들이 자기하고 같은 학교를 다니니까 만일 들키면 창피할 것이요, 부
끄러울 것이라, 그래서 그 집을 남겨 놓고 먼 저 아래 전당국으로 가리
라 하였다. 그는 팔짱을 끼고 웅숭그리고서 전당국으로 들어가려 하니
까 어째 누가 손가락질을 하는 것 같고 구차함을 비웃는 듯하다. 그리

고 그 전당국 주인까지도 자기의 구차한 것을 호령이나 할 듯이 쉬울 것 같다.

그러나 눈 딱 감고 들어가려 하니까 문간에다가 '기중'이라고 써 붙이고 문을 닫아 버렸다.

'기중.' 사람이 죽었구나 하고서 생각하니 그 몇 분 동안에 자기 마음이 긴장되었던 것은 풀려진다.

그러면 이번에는 하는 수 없이 그 동무 아버지의 전당국으로 가야 하겠다.

한 발자국이라도 더디게 떼어 놓아 그 전당국으로 들어설 때 가슴은 거북하고 머리에는 열이 올라와서 흐리멍덩하다.

기웃이 들여다보니까 아무도 없다. 혹시 동무 학동이나 만나지 않을까 하였더니 사무 보는 어른이 한 분 앉아 있고 아무도 없어 아주 다행이다.

그는 정거장 표 파는 데처럼 철망으로 얽고, 또 비둘기 창구멍처럼 뚫어 놓은 곳으로 은비녀를 디밀었다. 신문을 보던 사무 보는 어른이 한 번 흘겨보더니,

"무엇이냐?"

하고서 소리를 꽥 지른다.

"이것 잡으세요?"

하는 소리는 떨리고 가늘었다. 사무 보는 이는 아무 말 없이 그것을 받아들더니 저울에다가 달아 본다.

진태는 속마음으로 만일 저것을 잡지 않으면 어떻게 하나? 나쁜 것이라고 퇴짜를 하면은 어떻게 하나 하고 있을 때,

"얼마나 쓰련?"

하고 돈을 묻는다. 그는 겨우 안심을 하고서 돈 말 하려다가 자기가 부

르는 돈보다 적게 주면 어떻게 하나 하고서 도리어 그이더러,

"얼마나 나가요?"

하고 물었다. 그는 한참 있더니,

"1원이다."

한다. 그러면 자기 어머니가 얻어 오라는 것보다는 삼사십 전이 더하다. 그는 겨우 안심을 하고서,

"70전 주세요."

하였다.

"네 이름이 무엇이냐?"

전당포에 이름이 쓰이는 것은 좋지 못하나 하는 수 없이 이름을 대었다.

사무 보는 이가 전당표를 쓰는 동안에 진태는 왔다갔다 하였다. 그리고서 남에게는 전당 잡으러 온 체하지 않으려고 사면을 둘러보며 군소리를 하였다.

진태가 바깥을 내다볼 때 누구인지 덜미에서,

"진태냐?"

하는 어린애 소리가 들렸다. 그가 얼른 돌아다보니까 거기에는 그 집 주인의 아들이 반가이 맞으며,

"어째 왔니?"

하며 나온다. 진태는 달아나고 싶었다. 그리고는 될 수만 있으면 돈도 그만두고 피해 가고 싶었다.

"내일 산술 숙제 했니?"

어쩌면 그렇게 다정하게 물으랴? 그러나 진태는,

"아니."

하고서 고개를 내저었다. 그의 얼굴은 진홍빛같이 붉어졌다.

"얘, 큰일났다. 나는 조금도 할 수가 없어!"

그의 말소리는 진태의 귀에 조금도 안 들린다. 내일 숙제는 그만두고 내일 학교에 가면 반드시 여러 동무들이 흉들을 볼 터이요, 또는 놀려 대임을 당할 것이다. 그리고 그의 앞에는 커다란 수남이가 보이며 장난의 괴수요 핀잔 잘 주고 못살게 굴기 잘하는 그 불량한 학생이 보인다.

전당표와 돈을 받아들었다. 이제는 싸전으로 갈 차례다. 서 되나 닷 되나 한 말 쌀을 파는 것은 오히려 자랑거리지마는 닷 홉은 팔기가 참으로 부끄럽다. 그는 싸전에 가서 종이 봉지에 쌀 닷 홉을 싸들었다. 첫째 싸전쟁이가,

"왜 전대를 가지고 오지 않았어?"

꽥 소리를 한번 지르더니 딴 사람의 쌀을 다 퍼 주고야 종이 봉지 하나가 아까운 듯이 가까스로 닷 홉 한 되를 퍼 주었다.

돈을 주고 나왔다. 쌀 든 손은 얼어서 떨어지는 듯하다. 한 손으로 귀를 녹이고 또 한 손으로는 번갈아 가며 쌀 봉지를 들었다.

이번에는 나무가게로 갈 차례다. 나무가게로 갔다. 20전어치를 묶었다. 그것을 새끼에다 질빵을 지어서 둘러메고 쌀은 여전히 옆에다 끼었다. 행길로 고개를 숙이고 가다가는 어깨가 아프고 손, 발, 귀가 시려서 잠깐 쉬다가 저쪽을 보니까, 자기 집 들어가는 골목을 조금 못 미쳐서 학교 선생님 한 분이 오신다.

진태는 얼핏 일어났다. 그리고 선생님이 골목까지 오시기 전에 먼저 그 골목으로 들어가야 하겠다 하였다. 그리고는 줄달음질하였다. 선생님은 아무것도 둘러메시었을 리가 없으므로 걸음이 속하시다. 자기는 힘에 닿지 않는 것을 둘러메었고 또 걸음이 더디다. 거진 선생님과 맞닥뜨리게 되었다. 그래서 앞도 보지 않고 골목으로 뛰어 들어가다가 거기서 나오는 사람과 마주쳤다.

"에쿠!"

하면서 손에 들었던 쌀이 모두 흩어지고 나무는 어깨에 멘 채 나가자빠졌다.

"이 망할 집 자식, 눈깔이 없니?"

하고 들여다보는 그이는 자기 아버지다. 진태는 그래도 뒤를 돌아다보았다. 벌써 선생님은 본체만체 지나가 버리시었다.

"이 망할 자식아, 쌀을 이렇게 흩뜨려서 어떻게 해?"

하며 아버지는 두 손으로 컴컴한 데서 그것을 쓸어서 바지 앞에다 담는다.

진태는 멍멍히 서 있다가 아버지에게 끄을려서 집으로 들어갔다.

집에 들어가니까 어머니가 얼마나 받았으며, 얼마나 썼으며, 얼마나 남았느냐고 묻는다. 진태는 그 소리를 듣고서 전당표를 주었다. 그리고는 자세한 이야기를 하였다.

그러나 어머니는 진태의 잘잘못을 따지지 않았다. 유일한 보물을 전당을 잡혀서 팔아 온 쌀까지 땅에다 모두 엎질러 버린 것을 생각하매 그대로 있을 수 없을 만큼 아깝고 분하다. 그래서,

"이 망할 녀석, 먹으라는 밥을 먹지 않아서 밥이나 먹고 자라고 하겠더니……"

하고서 주먹을 들고 덤벼들며,

"어디 좀 맞아 보아라!"

하고서 또다시 덤벼든다. 진태는 아무것도 변명하지 않았다. 그러나 하루에 두 번씩 매를 맞게 되니까, 무엇이 원망스럽고 또 무엇을 저주하고 싶었으나 그것이 무엇인지 알지 못하였다. 그래서 그는 한참 얻어맞고 혼자 울었다. 그는 위로해 주는 사람 하나 없고 쓰다듬어 주는 사람 하나 없었다.

그는 방구석에 틀어박혀서 한참 울다가 그대로 잠이 들었다. 억울한 꿈을 꾸면서……

17원 50전

—젊은 화가 A의 눈물 한 방울

첫 째

사랑하시는 C선생님께 어린 심정에서 때없이 솟아오르는 끝없는 느낌의 한 마디를 올리나이다.

시간이란 시내가 흐르는 대로 우리 인생은 그 위에서 뱃놀이를 하고 있습니다. 늙은이나 젊은이나, 마음 아픈 이나 행복의 송가를 높이 외는 이나, 성공의 구가를 길게 부르짖는 사람이나, 이 시간이란 시내에서 뱃놀이하지 않는 사람이 누구입니까?

오늘 이 편지를 선생님께 올리는 이 젊은 A도 시간이란 시내에 일엽편주를 띄워 놓고 끝 모르는 포구로 향하여 둥실둥실 떠 갑니다.

어떠한 이는 쾌주하는 기선을 탔으며, 어떠한 이는 높다란 돛을 달고 순풍에 밀리어 갑니다. 또 어떠한 이는 밑구멍 뚫어진 나룻배를 이리 뒤뚱 저리 뒤뚱 위태하게 젓고 갑니다.

또 어떠한 배에서는 하품하고 기지개 켜는 소리가 들립니다. 또 어떠한 배에서는 장구를 두드리고 푸른 노래를 부르기도 합니다. 어떠한 배에서는 불그레한 정화의 소곤대는 소리가 들립니다. 어떠한 배에서는 여자의 애끓는 울음소리가 납니다. 어떠한 배 속에서는 촉루가 춤을 추고, 어떠한 배 속에서는 노름꾼의 코고는 소리가 납니다.

그러나 이 A가 탄 배에서는 무슨 소리가 들리는 줄 아십니까? 때없는 우울과 비분과 실망과 고통과 원망이 뭉텅이가 되고 덩어리가 되어 듣는 이의 귓구멍을 틀어막은 듯이 다만 띵 하는 머리 아픔이 있을 뿐이외다.

　나와 같이 배를 띄워 같은 자리를 지나가는 배가 몇백 몇천이 있습니다. 그들은 다만 서로 바라보며 기막혀 웃을 뿐이외다. 그리고 서로 눈물지을 뿐이외다.

　선생님, 이 배가 가기는 갑니다. 한 시간에 5리를 가거나 단 1리를 가거나 가기는 갑니다. 그러나 그 배가 뒷걸음질칠 리는 없을 터이지요. 가기만 하는 배는 우리를 실어다 무엇을 하려 할까요? 흐르는 시간은 말이 없고 뜻이 없으매 다만 일정한 규칙대로 가기는 가겠으나, 뜻 없고 말없는 시간이란 시내 위에 이 A는 무슨 파문을 그리어 놓아야 할까요.

　새벽 서리 찬 바람에 차르럭 찰싹 뛰어노는 어여쁜 물결입니까? 아침저녁 멀리 밀려왔다 밀려가는 밀물의 스르렁거리는 물결입니까? 초승달 갸우뜨름하게 비친 푸르렀다 희었다 하는 깜찍한 파문입니까? 어떻든 저는 무슨 파문이든지 그 시간이란 파문 위에 그리어 놓아야 할 것이외다. 하다못하여 시커먼 물결 위에 푸 하게 일어나는 거품일지라도 남겨놓고야 말 것이외다.

　선생님! 그러나 그 파문을 그리려 하나 그릴 수가 없습니다. 하늘의 바람은 너무 강하고 몰려오는 물결은 너무 힘이 있습니다.

　인습이란 물결이 아직은 편주를 몰아낼 때와, 육박하는 환경의 모든 시커먼 물결이 가려 하는 이 A라는 조그마한 배를 집어삼키려 할 때, 닻을 감으랴 노를 저으랴 가려고는 합니다마는, 방향을 정하려 하나 팔에 힘이 약하고 가려 하나 나를 이끌어 나아가게 하는 힘있는 발동기를 갖지 못하였습니다.

그나 그뿐입니까? 어떤 때에는 폭우가 내려 붓고 어떠한 때에는 광풍이 몰려와 간신히 뒤뚱거리는 이 작은 배를 사정없이 푸른 물결 속에 집어넣으려 합니다.

아아, 선생님! 그나 그뿐이 아니외다. 어떠한 때는 어두운 밤이 됩니다. 울멍줄멍하는 노한 파도가 다만 시커면 암흑 속에서 이리 뛰고 저리 뜁니다. 하늘에는 희망의 별 하나 보이지 않습니다. 저쪽 어귀에 희미하게 비치는 깨알 같은 등대의 깜박거리는 불도 꺼질 때가 있습니다.

그러나 저는 가렵니다. 약하고 힘없는 두 팔다리로 저 보이지 않는 포구를 향하여 형형색색의 파문을 그리면서 가기는 가렵니다. 오늘에 그리어 놓은 파문의 한 폭이 내일에 그릴 파문을 낳고, 내일에 그리어 놓은 파문의 한 폭이 모레의 그것을 낳아, 저쪽 포구에 이를 때에는 대양으로 가는 힘있는 여울 물결 위에 거룩하고 꽃다운 성공의 파문을 그리려 합니다.

아아, 그 때에는 암흑에 날뛰는 미친 파도나 때없는 폭풍우나 밀려오는 인습의 물결이나 모든 환경의 그 모진 파도가 그 거룩하고 꽃다운 파문 하나는 지워 버리지 못할 것이며 삼키어 버리지 못할 것이지요. 이 작은 일엽편주는 그 때가 되어 부딪쳐 깨어지거나, 물결에 씻기어 사라지거나, 저는 다만 죽어 가는 목구멍 속으로라도 넘치는 환희와 복받치는 기쁨으로 영생의 노래를 부를 것이외다.

둘 째

오늘은 웬일인지 일기가 전에 보지 못하게 음침합니다. 답답한 심사와 침울한 감정을 양기 있고 청징하게 하려 애를 썼으나 그것은 실패하였습니다.

　아침에 밥을 먹은 저는 12시가 되도록 습기찬 방바닥에 누워 있었습니다. 오고가는 공상이 어떠한 때는 저를 웃기더니 어떠한 때는 울리더이다. 저의 젊은 아내는 오색 종이로 바른 반짇그릇을 옆에 놓고 별 같은 두 눈을 깜빡거리며 저의 입고 나갈 두루마기 끈을 달고 있었나이다. 저는 저의 아내를 볼 때마다 불쌍한 생각이 납니다. 나이 젊은 아내의 고생살이를 생각할 때마다 저의 심정은 웬일인지 쓰립니다. 제 옆에 앉아 있는 그 젊은 아내가 과연 저의 이상을 채우는 아내는 아니외다. 사랑과 사랑이 결합하여 된 부부가 아니외다. 자각 있는 애인의 조화있는 사랑은 아니외다. 그는 무엇을 믿고서 나의 아내가 되었으며 무슨 각성을 가지고 나를 사랑하는지 알 수가 없습니다. 애인과 애인이 서로 만나는 것이 가장 큰 대담한 일이라 하면 애인도 아니요, 애인도 아닌 이 두 사람의 서로 결합된 것도 위태하게도 대담한 것이외다.

　위태한 짓을 똑같이 한 이 A도 불쌍한 용자이지마는 그것을 지금까지 알지 못하는 저의 젊은 아내도 어리석은 용자이외다. 우리 두 사람이 과연 원만하게 사랑의 가락을 두 몸에 얽어 놓았습니까? 강대한 세력을 두 사람의 붉은 피 속에 부어 주는 것이 무엇입니까?

　그러나 어린 자식은 저더러 ‘아빠 아빠’ 합니다. 그리고 저의 아내더러는 ‘엄마 엄마’ 합니다. ‘엄마’ 라 부르는 그 소리를 들을 때마다 알지도 못하게 저의 마음은 깨끗하여지며, 어느 틈엔지 따가운 귀여움이 저의 가슴을 채웁니다. 어린애가 웃으면 저도 웃습니다. 그러면 저의 아내도 웃습니다. 저의 아내의 웃는 눈은 반드시 나의 얼굴을 바라봅니다.

　철없는 아이가 재롱부려 웃을 때는 저의 웃음과 저의 아내의 웃음소리는 보이지 않는 공중에서 서로 얼크러져 입을 맞춥니다. 그 때에는 모든 불평, 모든 고통이 그 방 안에서 내쫓기어 버립니다.

오늘도 남향한 창에는 햇빛이 따뜻하게 드는데, 철없는 어린 자식은 방 한 귀퉁이에서 자막대기를 가지고 몽실몽실한 두 다리를 쭉 뻗고서 무엇이 그리 재미있는지 콧소리를 쌔근쌔근하며 장난을 하고 있을 때, 답답한 감정이 공연히 저의 상을 흐리게 하였으나, 근지러운 살과 부드러운 입김을 가진 저의 아내가 고요한 침묵을 가는 바늘로써 바느질할 제, 웬일인지 눈을 감은 저의 전신의 모든 관능은 힘을 잃은 것같이 노곤하여졌나이다.

잠들지 않은 나의 정신은 혼몽한 가운데 젖어 있을 때 나의 아내는 무엇을 생각하였는지,

"여보셔요, 날이 점점 추워 오는데 월급 되거든 어린애 모자 하나 사 오셰요."

하였습니다. 이 말을 듣는 저는 듣고도 못 들은 체하였습니다. 그리고 속마음으로는, '화구도 살 것이 있고 책도 좀 사야 할 터인데 어린애 모자는 천천히 사지.' 하며 아내의 말에 공연한 심증이 났습니다. 그 심증은 결코 아내의 말이 부당한 말이나 어린아이의 모자를 사다 주는 것이 아까워 그리 한 것이 아니라, 경제의 압박을 당하여 오는 저는 돈이란 소리를 들을 때마다 쌓아 오고 쌓아 오는 불평이 공연히 좋던 감정도 얼크러뜨려 버립니다.

저의 아내는 여러 번 그런 일을 말하면서도 저의 대답하지 않는 것이 무안한 듯이 한참이나 아무 소리가 없다가,

"왜 남의 말에 대답이 없소?"

하였습니다. 나는 여전히 말대답이 없이 드러누워 있었습니다. 아내는 또다시

"어린애 모자 하나 사다 주기가 무엇이 그리 어려워서."

하더니 아무 소리도 없이 다 꿰맨 두루마기를 툭툭 털어 저의 누워 있

는 다리 위에 툭 던졌습니다.

　자막대를 가지고 장난하던 어린애는 모자 소리를 듣더니,

　"때때모자? 응, 엄마?"

하고 벙긋벙긋 웃으면서 저의 아내를 쳐다보며 달려듭니다. 이것을 본 저의 아내는 토라졌던 얼굴을 다시 고쳤는지,

　"글쎄 이것 좀 보시우. 모자 모자 하는 구려."

하며 아무 말 없이 두 눈 위에 팔을 얹고 누워 있는 저의 가슴을 가만히 연하고 부드럽게 흔들었습니다. 저의 아내의 매낀매낀한 손가락이 저의 옷 위에서 꼼지락거릴 때에 저의 피부 밑으로 지나가는 신경은 무엇에 취한 듯한 감각을 저의 핏결 속에 전하는 듯하였습니다.

　저는 다만,

　"왜 이리 귀찮은……."

하고 팔꿈치로 아내의 손을 툭 치며 다시 돌아누웠습니다. 제가 본래 신경질임을 아는 아내는 조금도 노여워하는 기색이 없이 다만 생글 웃으면서 가장 노한 듯이,

　"고만두구려. 어서 옷이나 입고 나아가요. 대낮에 드러누워 있는 것
　이 갑갑해 못 견디겠구려."

하는 목소리는 웬일인지 마음 강한 저의 거짓 노여워함을 오래 가게는 못 하였습니다. 저는 다만 벌떡 일어나며 아내의 얼굴을 한 번 쳐다보고,

　"에이! 그 등쌀에 누워 있을 수가 있어야지. 두루마기 어쨌소?"

하며 웃음을 참지 못하고 빙그레 웃었습니다. 저의 아내도 웃음이 떠도는 얼굴에 거짓 노여움을 섞으면서,

　"그것 아니고 무엇이오?"

하며 방바닥에 놓여 있는 저의 두루마기를 가리켰습니다. 저는 다만 무

안한 가운데도 우스운 생각이 나서 아무 말 없이 두루마기를 입고,

"지금 몇 시나 되었을꼬?"

하며 혼잣말을 하고는 모자를 집어 썼습니다.

저는 바깥으로 나왔습니다. 젊은 아내와 정에 겨운 싸움을 하고 나온 저의 마음은 바깥에 나와 비로소 그 시간에 일어난 역사가 그립고 애착하는 생각이 났습니다. 새로운 공기와 푸른 하늘이 거의 공연히 센티멘털한 심정을 녹이며 부드럽게 하여 줄 때 웬일인지 반웃음과 반노여움을 섞은 저의 젊은 아내의 얼굴과 그 표정이 말할 수 없이 저의 마음을 매취케 하는 듯하였습니다.

저는 저의 친구를 찾아 MW사로 향하여 오면서 생각하는 것은 저의 아내뿐이었으며 그 아내가 청하던 어린 자식의 새 모자이었습니다. 저는 월급을 타거든 모자를 사다 주리라 하였습니다. 그래서 어린아이의 마음을 기쁘게 할 뿐만 아니라 아이의 어머니 된 젊은 아내의 마음을 즐겁게 하여 주리라 하였습니다.

셋 째

MW사에 왔습니다. DH, WC는 서로 바라보며 무슨 걱정인지 하고 있었습니다. 웬일인지 그 넓지 못한 방 안에서는 검푸른 근심의 그늘이 오락가락하였습니다. 저는,

"웬일들이야? 무슨 걱정들 있었나?"

하였습니다. 얼굴 검은 DH는,

"그렇지 않아도 자네를 기다리었네. 그런 게 아니라 NC의 아내가 앓는다는 기별이 왔는데 본래 구차한 그 사람이 어떻게나 근심을 하겠나. 그래서 오늘 NC의 집까지 가 볼까 하고 자네를 기다리던 터인

데."

"무어야? NC의 아내가?"

"그래."

"그것 안되었네그려. 그러면 언제 가려나? 차비들은 준비되었나?"

"그것은 내가 준비하였어."

"그러면 가 보세그려."

저는 다만 친구의 불쌍한 처지에 동정하는 마음을 견디지 못하였습니다. NC의 집은 시골입니다. 더구나 한적한 촌입니다. 그의 생활은 부유롭지 못하고 빈곤합니다. 그는 지금 자기의 손으로 농사를 짓습니다. 아침에 괭이 메고 논으로 갑니다. 저녁이면 시름없이 자기 집으로 돌아옵니다. 돌아온 그는 깜빡깜빡하는 유경 밑에서 깨알 같은 책을 봅니다. 그리고 시를 씁니다. 그의 시는 선생님도 보신 바가 있겠지요마는 참으로 완벽을 이룬 것이 적지 않습니다. 저는 NC의 한적한 생활을 부러워합니다. 조금도 불평이 없이 조금도 변함이 없는 그의 굳은 신앙 아래 살아가는 것을 저는 부러워합니다.

저는 그의 눈물을 못 보았습니다. 그의 한숨이 저의 귀를 서늘하게 하지 못하였습니다.

넷 째

사랑하시는 선생님, 사람의 눈물이 있다고 하면 이러한 경우에 울지 않는 사람은 없을 것이지요? 만일 참으로 그 눈물이 눈물이라고 하면 이와 같은 눈물이 참눈물이겠지요.

오늘 저녁이외다. 저희 세 사람은 NC의 사는 시골에 왔습니다. 정거장에서 10리를 걸어 들어올 제 저희 세 사람은 참으로 공통된 의식, 공통된 감정을 머릿속과 가슴속에 품고 있었습니다.

멀리 보이는 작은 별들은 옛날의 동방 박사들을 베들레헴으로 인도한 듯이 우리를 보고서 재롱부리어 깜박거립니다. 다닥다닥한 좀생이는 간지러운 듯이 옹기종기합니다. 밤은 어둡고 길은 험하오나 저희를 이끌어 가는 그 무슨 세력의 선이 끝나는 저편에는 우정이라는 낙원이 있습니다. 동지라는 그리운 '에덴'이 있습니다.

말이 없고 소리가 없이 걸어가는 우리 세 사람은 다만 쓸쓸하고 적막하고 심심하고 무미 담담한 NC의 집을 찾아가면서도 우리의 끓는 피와 타는 정열은 그 찾아가는 한적한 농촌을 싸고도는 가만한 공기를 꽃답고 찬란하게 그리어 놓으려 하였습니다.

그러나 NC의 집에 다다랐을 때가 되었습니다. 초가집 가장자리를 싸고도는 암흑 속에서 이리 갔다 저리 갔다, 혼자 왔다갔다 하는 사람이 있었습니다. 그는 그 때 눈을 감고 하늘을 쳐다보고 있었습니다. 우리는 그를 NC로 알았습니다. 우리는 다만,

"NC!"

하고 반가운 두 손을 내밀었습니다. 이것을 본 NC는 다만 아무 소리가 없이 파리한 두 손을 내어밀며,

"야, 어떻게들 이렇게 내려왔나?"

하며 힘없는 말소리에 처량한 기운이 도는 목소리로 대답을 하였습니다. 우리 세 사람의 마음속에는 NC의 말소리를 들은 때에 그 무슨 애매한 의식을 깨달았습니다. 인생의 애가, 마음 아프고 가슴 저린 그 무슨 노래를 듣는 듯이 NC의 목소리에서는 푸른 기운이 돌았습니다.

NC는 아무 말이 없이 다만 번갈아 가며 우리 세 사람의 손을 단단히 쥐었습니다. 그리고는,

"나의 아내는 30분 전에 영원한 해결의 나라로 갔네."

하였습니다. NC의 눈에서는 여태까지 보지 못하던 눈물이 흘렀습니다. NC의 가슴은 에이고 붉은 피는 식고 애탄의 결정인 뜨거운 눈물은 다만 차디찬 옷깃을 적시고 시름없이 식어 버리더이다.

그 누가 말한 바와 같이 하늘에는 별이 있습니다. 땅에는 꽃이 있습니다. 바다에는 진주가 있습니다. 우리 사람에게는 뜨겁게 반짝이는 눈물이 있습니다. 누가 이것을 보고 울지 않는 이가 있고, 누가 이것을 보고 눈물 흘리지 않는 이가 있을까요? 우리 세 사람은 한참이나 선 채로 울었습니다. 친한 친구, 사랑하는 동지자의 사랑하는 아내의 죽어 간 것을 보았을 때 새삼스럽게 우리 인생의 모든 비애가 심약한 우리들을 울리었습니다.

다섯째

오래 뵈옵지를 못하였습니다. 1주일 동안이나 NC의 집에 있었습니다. NC의 아내의 장례는 저희가 시골에 간 지 이틀 뒤였습니다.

초가을은 으스스하였습니다. 나뭇잎은 시체를 담은 상여 위에서 시들어 가는 듯이 춤을 추었습니다. 상여꾼들의 목 늘여 부르는 구슬픈 비가는 길고 느리게 공동묘지로 향하는 산고개를 넘어가더이다.

아! NC의 아내는 영원히 갔습니다. 동리를 거치고 산모퉁이를 지나서 영원히 갔습니다. 그러나 NC의 머릿속에서 끝없이 울고 있을 그의 환영은 길고 건 세월을 두고 우리 NC를 얼마나 울릴까요? 회고의 기억 속에서 시들스럽게 춤추는 그의 그림자는 몇 번이나 NC의 두 눈을 감개무량하게 하겠습니까? 새벽 서리 차디찬 밤, 초승달 갸웃스름한 저녁에 애타는 옛 기억, 마음 아픈 옛 생각은 어느 곳 어느 자리에서 NC를 울릴까요?

제가 NC의 아내의 장례에 참석하였을 때에는 저도 또한 죽음과 생의 경계선에 서 있는 듯하였습니다. 죽음과 삶이라는 것이 무엇이 다른 것인가요? 살아 있다 함은 육체에 혈액이 돌고 모든 것을 의식하고 모든 것을 감각한다 함입니까? 죽음이라 하는 것은 모든 관능이 육체의 썩어짐과 함께 그 활동을 잃어버린다 함입니까? 저는 무한한 비애를 아니 느낄 수가 없습니다.

여섯째

어저께 시골서 올라왔습니다. 오늘은 웬일인지 일기가 청명하더이다. 가냘프고 달콤한 공기가 저의 콧속을 통하여 쉴새없이 벌룩거리는 폐 속으로 지나 들어갈 때 어저께까지 시든 듯한 저의 혈액은 다시 정해진 듯하더이다.

'낙망'이라는 그림을 그리면서 낙망을 염려하는 저는 쉬지 않고 꽃다운 희망으로 저의 가슴을 채웠었습니다. 그윽한 법열 속에서 브러시와 팔레트를 움직일 때 저는 살았었으며 생의 진실을 맛보았습니다. 다만 제가 팔레트 판을 들고 캔버스를 격하여 앉았을 때가 저의 참생이었습니다. '낙망'이라는 모토를 가진 그림을 그리면서도 무한한 장래와 끝없는 유열이 있었습니다. 애인의 손을 잡고 그의 귀밑에 눈물을 떨어뜨리며 자기의 흉중을 하소연할 때와 같이 정결하고 달콤한 맛이 저의 전신을 물들였습니다.

오늘은 웬일인지 정신이 청징하였습니다. 1주일 가까이 자극이 적은 향토에서 논 까닭인지는 알 수 없으나, 어떻든 한아한 정신으로 노곤한 안일 속에 오늘 하루를 지내었습니다.

그러나 안일에도 권태가 있고 법열도 깨일 때가 없지 않았습니다. 육체의 권태는 정신까지 권태하게 하더이다. 또다시 법열까지 깨뜨려 버리더이다.

저는 기지개 한 번 하고 팔레트 판을 내던졌습니다. 그리고 캔버스를 집어치우고 외투를 입고 모자를 쓰고 시계를 보았습니다. 그 시계는 2시를 가리키고 있었습니다. 저는 두 시간의 여가가 있음을 알았습니다. 그래서 그 권태를 녹이기 위하여 SO의 집으로 가려 하였습니다.

SO는 불쌍한 여성이외다. 한 다리가 없는 불구자외다. 나이는 20세이외다. 그는 한쪽 없는 다리를 끌면서 추우나 더우나 학교에를 10여 년이나 다녔습니다. 제가 중학교 4년급 다닐 때에 아침이면 같은 길모퉁이에서 만나는 것이 연이 되어 그와 사귀게 되어 지금까지 3년 동안을 지내 왔습니다.

그에게는 나이 늙은 어머니 한 분밖에는 없습니다. 아침이나 저녁에 학교에 가고 올 때에는 그는 반드시 자기 딸의 학교에 가고 학교에서 오는 것을 바라보고 기다렸다 합니다. 학교에서 무슨 일이 있어 늦게 돌아오게 되면, 그의 늙은 어머니는 반드시 학교 문앞까지 와서 자기의 딸을 기다리고 있었다고 합니다.

아아, 선생님. 불구자의 모녀의 생활은 참으로 눈으로 볼 수 없고 생각할 수 없게 불쌍하고 참담합니다. 그의 물질적 생활은 이 세상에서 제일 비참합니다. 그는 남의 집 곁방에서 바느질품으로 그날 그날의 생활을 계속하고 있습니다.

오늘도 그 불쌍한 불구자를 찾아왔습니다. 문을 들어서며 기침을 두어 번 하였습니다. 그러나 웬일인지 그 전에는 반드시 반가이 맞아 주던 그 불구자의 여성, 오늘은 그의 그림자를 볼 수가 없었습니다.

문간에 들어선 저의 마음은 저녁때쯤 산골짜기를 헤매는 듯이 휘휘하였습니다. 가련한 불구의 여성이 나를 맞아 주지 않는 것이 저의 마음을 울게 하였습니다.

저는 또다시 기침을 하고 구멍이 뚫어지고 문풍지가 펄럭펄럭하는 방문을 열려 하였습니다. 그러나 저는 그 문을 열지 못하였습니다. 숭숭 뚫어진 문틈으로 새어나오는 불구인 여성의 모녀의 울음소리는 저의 감정을 연민의 정으로 물들였습니다. 저는 다만 망연하게 아무 말 없이 서 있었습니다. 말없이 서 있는 저의 주위는 나른한 공기가 불구자의 어머니와 불구인 여성의 울음소리를 싣고서 시들어지는 듯이 선무를 추었습니다.

조금 있다가 문이 열리더니 나오는 사람은 그의 늙은 어머니였습니다. 그는 치맛자락으로 눈물을 씻으면서 저를 바라보더니,

"오셨습니까? 어서 방으로 들어가시지요."

하며 돌아서서 코를 풀었습니다. 저는 무엇이라 물어볼 말도 없거니와 또다시 말할 것도 없어 다만,

"네, SO는 있나요?"

하며 방 안을 들여다보았습니다. SO의 어머니는,

"네, 있어요."

하고 저의 말에 대답을 하더니 다시 방 안을 들여다보며,

"얘, 선생님 오셨다."

하였습니다.

방 안에는 SO가 돌아앉아 여태껏 울고 있는지 차마 고개를 돌리지 못하고 다만 치마끈으로 눈물만 씻고 있었습니다. 그리고 제가 온 것을 보고서는 그대로 고개를 숙이고 몸을 틀어 돌아앉으면서,

"어서 오십시오."

하고 발갛게 피가 오른 두 눈으로 저를 쳐다보더니 다시 눈을 방바닥으로 향하였습니다. 저는 들어가기를 주저하였습니다. 그렇다고 그대로

돌아갈 수는 없었습니다. 저는 구두끈을 끄르고 그 방 안으로 들어갔습니다. 방 안으로 들어가려 할 때 마루 끝에 놓여 있던 SO의 다리를 대신하여 주는 나무때기가 저의 발에 채어 덜컥하였습니다. 저는 그 때 근지럽고 누가 옆에서 '에비' 하고 징그러운 것을 저의 목에다 던져 주는 듯이 진저리를 치는 듯이 방 안으로 뛰어 들어갔습니다.

SO는,

"오늘은 시간이 없으세요?"

하며 다른 때와 다르게 유심히 저를 쳐다보았습니다. 저는,

"이따가 4시에나 시간이 있으니까요. 잠깐 다녀가려고 왔어요."

하고 자리를 정하고 앉았습니다.

"댁에 무슨 좋지 못한 일이 생겼습니까?"

하고 저는 그의 운 이유를 알아보려 하였으나 그는 다만,

"아녜요."

하고 부끄러움을 띠며 아무 말이 없었습니다.

저도 또다시 무엇이라 물어볼 수가 없어서 다만 사면만 돌아다보며 아무 소리가 없었습니다.

SO는 한참이나 가만히 있었습니다. 그러다가 반쯤 떨리는 목소리로,

"선생님."

하고 저를 부르더니 또다시 아무 말이 없이 한참이나 꼼지락꼼지락하는 손가락만 바라보다가 저의,

"네."

하는 대답을 재촉하는 듯이 또다시,

"선생님."

하였습니다. 저는,

"네."

하고 그의 구부린 머리의 까만 털만 바라보았습니다.

"저는 병신입니다."

하더니 여태까지 참았던 눈물이 또다시 떨어져 방바닥으로 시름없이 굴렀습니다. 이 소리를 듣는 저도 같이 울고 싶었습니다.

"저는 병신인데요."

하고 힘있는 어조로 또다시 한 말을 거푸 하더니 그대로 방바닥에 엎드려 울면서 목멘 소리로,

"병신인 저도 피가 있고 감정이 있습니다. 뜨거운 눈물과 새빨간 정열이 있습니다. 그러나 불쌍한 저는 그 눈물을 가지고 혼자 우나 그 눈물을 알아주는 사람이 없으며, 그 정열을 혼자 태웠으나 그것을 받아 주는 이가 없어요. 불쌍한 사람은 세상에서 더욱 불쌍한 구덩이에 틀어박으려 할 뿐이에요."

하고 느껴 가며 울었습니다.

"저를 A씨는 불쌍히 여겨 주십니까? 만약 참으로 불쌍히 여겨 주신다면 이 저의 마음까지 알아주세요."

하고 애소하듯이 저의 무릎에 엎드려 울었습니다.

선생님! 누가 이 말을 듣고 울지 않는 자가 있으며 누가 불쌍히 여기지 않는 자가 있을까요? 저는 다만 SO를 끼어안고 한참이나 울었습니다.

"SO씨, 울지 마세요. 나는 당신을 불쌍히 여깁니다. 참으로 동정합니다."

"그러면 한 다리 없는 불구자인 저를 길이길이 사랑하여 주시겠어요?"

이 말을 들은 저는 다만,

"네?"

하고 아무 말이 없었습니다. 저는 그 말에 대답을 하지 못하였습니다. 저의 눈앞에 나타나 보이는 것은 저의 나이 젊은 아내였습니다. 자막대기 가지고 놀고 있던 어린아이였습니다. SO는,

"네? A씨, 대답을 하여 주세요."

하고 저를 애소하는 두 눈에 방울방울 눈물을 고이고서 쳐다보았습니다.

아! 선생님. 이 SO를 저는 참으로 불쌍히 여깁니다. 참으로 동정합니다. 그가 눈물을 흘릴 때에 나도 눈물을 흘립니다. 그가 속태울 때에는 나도 속을 태우려 합니다. 하늘 아래 지구 한 점 위에서 꼼지락거리는 이 병신인 SO를 저는 힘껏 붙잡고 울더라도 시원치가 못할 것입니다. 그러나 선생님, 그 불쌍히 여기는 마음이 생기는 그 찰나 사이에 벌써 사랑이라는 것이 간 것이 아닐까요. 그의 손을 잡고 따라서 같이 우는 것이 사랑이 아니었을까요?

그러나 이 불구의 여성은 저를 사랑하려 합니다마는 저는 여성의 사랑을 얻고서 도리어 가슴이 아팠습니다. 진정한 사랑을 받으면서 그것을 물리치지 않을 수가 없었습니다.

저는 불구인 여성의 뜨거운 사랑을 받기에는 너무 불행한 사람이외다.

선생님, 육체의 불구자는 그 불구를 동정한 저로 말미암아 사랑의 불구자가 될 줄이야 꿈에나 알았사오리까? 사랑은 곧은 것이요 굽은 것이 아니니 저는 벌써 그 곧은 길 위에 선 사람이외다. 저의 아내를 사랑하지 않는 바가 아니었나이다. 그러면 저는 저의 아내에게로 향하는 꼿꼿한 사랑을 일부러 꺾어 이 불구의 여성을 사랑할 수 없었습니다. 불구의 여성이므로 그를 동정하는 동시에 저의 사랑을 불구가 되게 할 수는 없었습니다. 그러나 이 불구자의 눈물은 그 눈물이 저의 무릎 위에 떨

어지는 때부터, 아니올시다. 그의 사랑이 저에게로 향할 때부터 벌써 그의 가슴에 어리어 있는 사랑을 불구자 되게 하였습니다. 그의 한 다리가 없는 것과 같이 그의 사랑은 한쪽 없는 사랑이었습니다.

저는 다만,

"SO씨, 울지 마세요. 저의 가슴은 SO씨의 눈물로 인하여 녹아 버리는 듯하외다. SO씨의 눈물 방울이 저의 마음 위에 한 방울씩 두 방울씩 떨어질 때마다 그 무슨 화살로 꿰뚫은 듯이 아프고 쓰립니다."

할 뿐이었나이다.

"A씨, 저는 다만 A씨 한 분이 저를 참으로 사랑하여 주실 줄 알았었는데요."

하는 SO는 그 무슨 대답을 기다리는 듯이 아무 말이 없었습니다. 저는 다만,

"그만 우세요. 자…… 일어나세요."

하고 가리지 못한 눈물을 씻을 뿐이었나이다.

저는 어젯날까지 많은 여성의 사랑을 받는 자를 행복자라 하였었습니다. 그러나 오늘 이 불구자의 하소연을 들을 때에 비로소 저의 가슴이 아팠었습니다. 한 개의 사랑을 두 군데로 자르려 할 때 그 아픔을 알았었습니다. 그 쓰림을 알았습니다. 한 개인 사랑을 가진 한 사람이 여러 사람의 여러 사랑을 받는 것의 그 가슴 저리고 불행한 것을 알았습니다.

아! 그러나 그 불구자는 더욱더욱 불구자가 되어 갈 터이지요. 낙망과 원한의 심연에서 하늘을 우러러 그의 불행을 부르짖을 터이지요? 그 부르짖음의 애처로운 소리는 저의 피를 얼마나 식힐까요? 그 소리는 영원토록 저의 귀 밑에서 슬퍼 울 터이지요?

선생님! 저는 참으로 사랑하는 여성의 사랑을 매정하게 물리쳐야 할

것입니까? 영원토록 받아 주어야 할 것입니까? 불쌍한 자의 울음을 들어 주어야 할 것입니까? 불구자의 애소의 눈물을 저의 가슴에 파묻히도록 안아야 할 것입니까? 저는 다만 기로에 방황하며 약한 심정을 정하지 못하고 헤맬 뿐이외다.

"네, 알았습니다. 그러나 저는 SO씨의 말씀에 그렇게 속히 대답할 수는 없습니다."

"그러면 언제 대답을 하여 주시겠습니까?"

"네 그것은 천천히 해 드리지요."

하는 묻고 대답하는 말이 우리 두 사람 가운데에는 교환되었습니다. SO는 의심하는 듯이,

"그러면 저를 절대로 사랑하여 주시지는 않는다는 말씀이지요. A씨의 가슴에는 저를 위하여서는 절대의 사랑이 없으시다는 말씀이지요?"

하며 원망하듯이 저를 쳐다보았습니다.

저는 무엇이라 대답하는지 몰랐습니다. 참으로 저에게 절대의 사랑이 그 때 있었습니까? 참으로 없었습니다. 절대의 동정과 연민은 있었을는지는 알 수 없어도 절대의 사랑은 없었습니다. 타산이 있었으며 주저가 많았었습니다. 어떠한 때에는 불구자라는 근지러운 대명사가 저를 진저리치게까지 하였습니다.

아무 대답도 없는 저를 보던 SO는,

"저는 알았습니다. 저는 영원토록 불구자이외다. 한 귀퉁이가 이지러진 사랑의 소유자이외다. 그뿐 아니라 저는……."

하더니 단념과 원망이 엉킨 두 눈에는 어리석은 눈물이 어느 틈에 말라 버리고 냉소와 저주가 맺힌 듯할 뿐이었습니다. 이 소리를 듣는 저는 어쩐지 마음이 으스스 차고 몸이 달달 떨리는 듯하여 그의 눈물을 다시 보고 싶었습니다. 그리고는 그의 단념과 원망과 냉소와 저주의 맺힌 듯

한 표정을 볼 때 저는 또다시 그의 마음을 풀어뜨리어 힘없고 연하게 울리고 싶었습니다. 저는,

"SO씨!"

하고 그의 손을 잡으며,

"저는 영원토록 SO씨를 잊지는 못하겠습니다."

하였습니다. 그는,

"네, 저를 잊지는 말아 주세요. 저도 눈을 감을 때까지는 A씨를 잊지는 못하겠지요."

할 뿐이었습니다.

일곱째

SO의 집에서 나온 저는 학교를 향하여 갔었습니다. 아까까지 청징하던 심신은 웬일인지 불구인 여성의 집을 다녀온 후부터는 흐릿하고 몽롱할 뿐만 아니라 침울하고 센티멘털로 변하였습니다.

저는 학교에를 갑니다. 한 시간의 도화를 가르치기 위함보다도 그 보수를 바라고 갑니다. 세상의 제일 불행한 범죄가 있다 하면 아마 이와 같은 자이겠지요. 뜻하지 않고 내 마음에 있지 않은 짓을 한 뭉치의 밥덩어리와 김치 몇 쪽의 충복할 식물을 위하여 알면서 행한다 하면 죄인 줄 알면서 타인의 물건을 도적한, 기한에 쪼들린 자와 얼마나 나을 것이 있겠습니까? 남의 물건을 도적한 자의 양심이 떨린다 하면 그만큼 비례한 저의 양심도 떨리었을 것이며, 박두하는 기한에 못 이기어 다른 사람의 물건을 도적한 사람의 생을 갈구한 것을 동정할 것이라 하면, 생명을 이어 얻기 위하여 자기의 양심을 속이는 이 A라는 화가도 또한 동정을 구할 수가 있을 것일는지요?

저는 학교 정문에 들어섰습니다. 그 때 마침 M교주가 학교를 다녀가는 길인지 자동차에 오르려 할 때였습니다. 그 때에 그 간사한 이 선생은 M교주의 팔을 부축하여 자동차 속으로 몰아넣었습니다. 저는 이것을 보고 크게 웃었습니다. 옆에서 저의 웃는 것을 보는 박 선생은,

"왜 웃으시우?"

하며 눈을 흘기더니,

"그게 무슨 무례한 짓이오?"

하더이다. 저는 또다시 한 번 껄걸 웃으면서,

"박 선생은 나의 웃는 의미를 모르시는구려."

하고는,

"인형이외다, 인형예요. 두 팔, 두 다리가 있고도 못 쓰는 인형이외다. 인형은 인형이니까 말할 것도 없지마는 인형을 부축하는 어리석은 사람을 보구서는 나는 아니 웃을 수가 없지요."

하고는 그대로 돌아서서 교실 안으로 들어갔습니다.

오늘은 그믐날이외다. 월급 타는 날이외다. 사무실에 들어선 저는 다만 보이는 것이 회계의 동정뿐이었습니다. 그리고 그 돈을 가지고 쓸 궁리를 하고 있었을 뿐이었습니다. 오늘은 어린애 모자를 하나 사다 주고 사랑하는 아내의 목도리를 하나 사다 주어야 하겠다 하였습니다.

25원이라는 월급을 기다리는 저의 마음은 웬일인지 쓸쓸하고도 저의 몸이 불쌍해 보였습니다. 그리고 공연히 심증이 났습니다.

교실에 들어가 백묵을 들고서 칠판 위에 그림을 그릴 때에는 모든 학생들까지 밉살스러울 뿐이었습니다. 그리고 그 학생들이 저의 운명을 이렇게 만들어 준 듯하기도 하였습니다. 저는 마음에 없는 한 시간을 아니 지낼 수가 없었습니다.

그 날은 학생들에게 숙제를 해 오라고 한 날이었습니다. 근 40명 학

생 중에 숙제를 해 오지 않은 학생이 다섯이 있었습니다. 그 중에 기중 나이 적고 옷을 헐벗은 학생은 제가,

"왜 숙제를 안 그려 왔소?"

할 때, 그는 다만 아무 말 없이 한참이나 있더니 뜨거운 눈물을 흘리면서 자꾸자꾸 울고 섰을 뿐이었습니다. 다른 애 학생은 여러 가지 핑계로써 선생인 저를 속이려 하였습니다.

저는 그 눈물 흘리는 학생을 바라보고 또다시 다 뚫어진 양말을 볼 때 어쩐지 측은한 생각이 나서,

"왜 대답은 아니하고 울기만 하시오?"

하며 그의 어깨에 팔을 대니 선생인 저의 손이 그의 어깨를 어루만지는 것이 더욱 그의 감정을 느즈러지게 하였던지 더욱더욱 느끼어 울 뿐이었습니다. 그러다가는 복받치는 울음소리와 함께,

"집에서 돈이 없다고 도화지를 사 주지 않아요."

하였습니다.

선생님! 제가 이 학생을 벌 줄 자격이 있습니까, 없습니까? 저는 다만 창연한 두 눈으로 그 어린 학생을 바라보며,

"여보시오, 참마음만 있으면 그만이오. 나는 당신의 그림 그려 오지 않은 것을 책하려 한 것이 아니라 당신의 참성의가 없었는가 하는 것을 책하려 함이었소. 당신의 눈물 한 방울은 오늘 그려 오지 못한 그 그림보다 몇 배의 가치가 있는 것이오."

하였습니다.

하교 후 사무실로 나왔습니다. 회계는 나를 보더니 아주 은근한 듯이,

"A선생님, 이리로 좀 오십시오."

하고 자기 곁으로 부르더니 봉투에 집어넣은 월급을 저의 손에 쥐어 주면서,

"담뱃값이나 하십시오."

하였습니다. 저는 그것을 받는 것이 어쩐지 부끄러웠습니다. 그래서

"네, 고맙습니다."

하고 그대로 보지도 않고 주머니에 넣었습니다.

　날은 점점 어두워 가느라고 회색의 저녁빛이 온 시가를 싸고도는데 저는 학교 문밖에 나와서야 그 봉투를 다시 끄집어내어 그 속에 있는 돈을 꺼내어 보았습니다.

　그 속에는 17원 50전, 17원 50전이 들어 있었습니다.

　저는 멈칫하고 섰었습니다. 그리고,

　'어째서 17원 50전만 되나?'

하고 한참이나 의아하여 생각을 하고 있을 때에 문득 생각나는 것은 NC의 집에 갔던 것이외다. 아내 잃은 친우를 찾아갔던 1주일간의 노력의 대가는 학교에서는 제하여졌습니다.

　아! 선생님, 저의 손에는 17원 50전이 있습니다. 1개월 노력의 대가는 17원 50전이외다. 불쌍한 젊은 화가의 양심을 부끄럽게 한 죄의 대가가 17원 50전이외다.

　저는 하는 수 없었습니다. 회색 봉투에 집어넣은 그 돈을 들고 SO의 집까지 무의식중에 왔습니다. 하늘 위 구름장 사이로는 가렸다 보였다 하는 작은 별들이 이 우스운 젊은 A를 비웃는 듯이 내다보고 있었습니다. 회색의 감정이 공연히 저의 마음을 울분하고 원망스럽게 하였습니다.

　SO의 집에는 무엇 하러 왔을까요? 그것은 저도 알지 못하였습니다. 문간에 와서야 내가 무엇 하러 여기를 왔나 하고 그대로 집으로 돌아가려 하였었습니다. 그러나 저의 가슴에서 때없이 울고 있는 그 무슨 하모니는 저의 발을 SO의 집 안으로 끌어들였습니다. 그러나 저는 그

전과 같이 서슴지 않고 그대로 들어갈 수가 없었습니다. 조그마한 집, 조그마한 문으로 흘러나오는 무거운 공기는 급히 흐르는 시냇물같이 저의 가슴으로 몰려오는 듯하였습니다.

저는 다만 문간에 서서 도적놈같이 문 안을 엿듣고 망설였습니다.

선생님! 사랑도 아무것도 하지 않겠다고 할 적에는 서슴지 않고 아무 불안도 없이 다니던 제가 오늘은 어찌하여 죄지은 자 모양으로 들어가기를 주저하였으며, 가슴이 거북하였을까요?

죄악이 아닌 사랑을 주려 하는데 저는 가슴이 떨림을 깨달았으며, 잘못이 아닌 사랑을 준다는 사람의 집에 들어가기를 주저하였습니다.

저는 10분 동안이나 서 있었습니다. 그 때에 또다시 그 불구자의 모녀의 울음소리가 들렸습니다. 그 울음소리는 그전보다 더 저의 마음을 훑는 듯하고 쪼개는 듯하였습니다. 그리고 모든 비애를 저의 가슴 위에 실어 놓는 듯이 무겁게 슬펐습니다. 그러나 저의 눈에는 눈물이 없었습니다. 학교에서 받은 1개월 노력의 대가인 17원 50전이 울분하게 하였음이 공연히 저의 눈물까지 막아 버렸습니다.

저는 한참이나 그 울음소리를 들었습니다. 그 울음에 섞이어 나오는 늙은 어머니의 떨리는 목소리로 분명치 못하게 들리는 것은,

"SO야, 이제는 그만 한길 귀신이 되었구나."
하는 살이 얼어붙는 듯한 불쌍한 소리였습니다.

저는 그제야 그 눈물을 알았습니다. 불구자의 모녀는 몸을 담을 집이 없습니다. 그는 오늘에 몇 푼 안 되는 세전으로 말미암아 이 집에서 내어쫓깁니다.

창밖에서 듣고 있는 이 A의 주머니에는 17원 50전이 있습니다. 이 A는 그래도 한길에서 방황하지는 않겠지요? 저는 그 주머니의 17원 50전을 꺼내었습니다. 그리고 연필로 봉투에 A라 썼습니다. 저는 그 찰나

간에 절대의 동정이 저의 가슴속에서 약동하였습니다. 저의 피를 뜨겁고 힘있게 끓게 하였습니다.

　저는 그 돈을 문을 소리 없이 열고 가만히 마루 위에 놓았습니다. 그리고 절도와 같이 그 문을 떨리는 다리로 얼른 뛰어나왔습니다. 그리고 뒤도 돌아다보지 않고 저의 집으로 향하여 갔습니다.

　집에서 아내가 돌아오기를 고대하겠지요. 어린 자식은 아버지 오면 때때 모자를 사 준다고 몽실몽실한 손을 고개에 괴고 이 젊은 아버지 돌아오기를 바라고 있을 터이지요?

　그러나 월급날인 오늘의 저의 주머니는 벌써 한 닢도 없는 털터리가 되었습니다. 저의 들어가는 대문 소리를 듣고 다른 날보다 더 반가이 맞아 주는 젊은 아내에게 그의 마음을 만족시켜 줄 아무것도 없습니다. 어린 자식의 기뻐 뛰는 마음을 도리어 풀이 죽게 할 뿐이겠지요.

　그러하오나 어두움 속으로 파고 들어가듯이 암흑한 동리를 걸어가는 이 A의 마음은 웬일인지 만족한 기꺼움이 있었으며 싱싱한 생의 약동이 있었습니다. 저는 또다시 MW사로 왔습니다. 거기에는 DH와 WC가 웅크리고 앉아서 무슨 책을 보고 있더니 저를 보고서,

　"어떻게 되었나?"

하였습니다. 그것은 저의 월급 말이었습니다. 저는 모자를 벗고 구두를 끄르면서 기가 막힌 듯이 쓸쓸히 웃으면서,

　"흥, 나의 1개월 동안의 노력의 대가는 참으로 값있게 써 버리었네."

하였습니다.

옛날 꿈은 창백하더이다

내가 열두 살 되던 어떠한 가을이었다. 근 5리나 되는 학교를 다녀온 나는 책보를 내던지고 두루마기를 벗고 뒷동산 감나무 밑으로 달음질하여 올라갔다.

쓸쓸스러운 붉은 감잎이 죽어 가는 생물처럼 여기저기 휘둘러서 휘날릴 때 말없이 오는 가을 바람이 따뜻한 나의 가슴을 간질이고 지나가매, 나도 모르는 쓸쓸한 비애가 나의 두 눈을 공연히 울먹이고 싶게 하였다. 이웃집 감나무에서 감을 따는 늙은이가 나뭇가지를 흔들 때마다 떼지어 구경하는 떠꺼머리 아이들과 나이 어린 처녀들의 침 삼키는 고개들이 일제히 위로 향하여지며 붉고 연한 커다란 연감이 힘없이 떨어진다.

음습한 땅 냄새가 저녁 연기와 함께 온 마을을 물들이고 구슬픈 갈가마귀 소리 서편 숲 속에서 났다. 울타리 바깥 콩나물 우물에서는 저녁 콩나물에 물 주는 소리가 척척하게 들릴 적에 촌녀의 행주치마 두른 짚세기 걸음이 물동이와 달음박질한다.

나는 날마다 학교에서 돌아오는 길로 하는 것이라고는 이것이 첫째 번 과목이다. 공연히 뒷동산으로 왔다갔다 한다.

그 날도 감나무 동산에서 반숙한 연감 하나를 따 먹고서 배추밭 무밭으로 돌아다녔다. 지렁이똥이 몽글몽글하게 올라온 습기 있는 밭이랑과 고양이밥이 나 있는 빈 터전을 쓸데없이 돌아다닐 적에 건너편 철도 연변에 서 있는 전깃불이 어느 틈에 반짝반짝한다.

그 때에 짚신 신은 나의 아우가 뒷문에 나서면서 부엌에서 밥투정을 하다 나왔는지 열 손가락과 입 가장자리에는 밥알투성이를 하여 가지고 딴 사람은 건드리지도 못하는 저의 백동 숟가락을 거꾸로 들고 서서,

"언니 밥 먹으래."

하고 내가 바라보고 서 있는 곳을 덩달아 쳐다본다.

"그래."

하고 대답을 한 나는 아무 소리도 없이 마루 끝에 가서 앉으며 차려 놓은 밥상을 한 귀퉁이 점령하였다. 밥 먹는 이라고는 우리 어머니와 일해 주는 마누라와 나와 나의 다섯 살 먹은 아우뿐이었다.

소학교 4학년을 다니는 내가 무엇을 알며 무엇을 감득할 능력을 가졌으며, 안다 하면 얼마나 알고 감득하면 몇 푼어치나 감득하리요. 그러나 웬일인지 그 때부터 나의 어린 마음은 공연히 우울하여졌다. 나뭇가지 하나가 바람에 흔들리는 것이나, 저녁 참새가 처마끝에서 옹송그리며 재재거리는 것이나, 한가한 오계가 길게 목 늘여 우는 것이나, 하늘 위에 솟는 별이 종알거리는 것이나, 저녁 달이 눈 위에 차디차게 비친 것이나, 차르럭거리며 흐르는 냇물이나, 더구나 나무 잎사귀와 채소 잎사귀에 얽힌 백로의 뻔지르하게 흐르는 것이 왜 그리 어린 나의 감정을 창백한 감상의 와중으로 처틀어박는지 약한 심정과 연한 감정은 공연한 비애 중에서 때없는 눈물을 흘리었었다.

그것을 시상의 발아라 할는지 현묘유원한 그 무슨 경역을 동경하는 첫째번 동구일는지는 알지 못하겠으나, 어떻든 나는 다른 이의 어린 때와 다른 생애의 일절을 밟아 왔다. 그러나 그것은 몽롱한 과거이며 흐릿한 기억이다.

그날 저녁에도 어둠침침한 마루 끝에서 갓 지은 밥을 한 숟갈 퍼먹을 때에 공연히 쓸쓸하고 적적하다. 어렴풋한 연기 냄새가 더구나 마음을 괴롭게 한다. 침묵이 침묵을 낳고 침묵이 침묵을 이어 침침한 저녁을 더 어둡게 할 때 나는 웬일인지 간지럽게 그 침묵이 싫었다. 더구나 초가집 처마끝에서 이리 얽고 저리 얽어 놓는 왕거미 한 마리가 어느덧 나의 눈에 뜨일 때에 나는 공연히 으쓱하여, 무엇을 생각하시는지 입에 든 밥만 씹고 계신 우리 어머니의 얼굴만 쳐다보았다. 그리고 코를 손등으로 씻어 가며 손가락으로 반찬을 집어먹는 나의 아우의 얼굴을 바라보았다.

"할멈, 물 좀 떠오게."

하는 소리가 우리 어머니 입에서 떨어지며 그 흉한 침묵이 깨지었다. 할멈은 행주치맛자락에 손을 씻으며 대접을 들고 부엌으로 내려가더니 솥뚜껑 소리가 한 번 덜컹 하고 숭늉 한 그릇을 들고 나온다. 어머니는 아무 소리 없이 그 물을 나에게다 내미시면서,

"물 말아 먹으련."

하시니까 물어보신 나의 대답은 나오기도 전에 나의 동생이 어리광부리는 그 소리로 '물' 하고 물그릇을 가로채 간다.

"엎질러진다. 언니 먹거든 먹거라."

하시는 어머니의 권고는 아무 효력이 없이 왈칵 잡아당기는 물그릇이 출렁하더니 내 동생 바지 위에 들어부었다. 그 일찰나간에 우리 네 사람은 일제히 물러앉으며, '에그' 하였다. 어머니는 '걸레, 걸레' 하며 할멈에게 손을 내민다.

"글쎄 천천히 먹으면 어때서 그렇게 발광이냐."

하시며 상을 찌푸리시고 할멈이 집어 주는 걸레를 집어 나의 아우의 바지 앞을 털어 주신다. 때가 묻은 바지 앞을 엉거주춤하고 내밀고 있는

나의 아우는 다만 두 팔만 벌리고 서서 아무 말이 없다.

　나는 미안하였던지 동생의 철없이 날뛰는 것이 우스워 그리하였던지 밥은 먹지 못하고 다만 상에서 저만큼 떨어져 앉았다가 석유 등잔에 불만 켜 놓고서 다시 밥상으로 가까이 올 때,

　"에그, 다리 아파. 저녁을 인제야 먹니?"

하며 마당으로 들어오는 이는 우리 동생 할머니이다. 손에는 남으로 만든 책보를 들고 발에는 구두를 신고 머리를 쪽진 데는 은비녀를 꽂았다. 키가 작달막한데다가 머리가 희끗희끗한데 검정치마가 땅에 거의거의 끌리게 된 것을 보니까 아마 오늘도 꽤 많이 돌아다니신 모양이다.

　"어서 오십시오."

하며 들던 숟가락을 놓고 일어나시는 이는 우리 어머니시다.

　"마님 오십니까?"

하고 짚세기를 신는 이는 할멈이다. 마루창이 뚫어져라 깡충깡충 뛰며 '할머니 할머니'를 부르는 것은 나의 아우다. 나는 숟가락을 입에 문 채로 다만 빙그레 웃으면서 반가워하였다.

　마루 끝에 할머니는 걸터앉으셨다. 할멈은 걸레로 마룻바닥을 훔치는 사이에 어머니는 부엌으로 내려가셨다. 그릇 소리가 덜거덕덜거덕 난다. 피곤한 가슴을 힘없이 내려앉히시며 한숨을 휘 하고 내쉬신 할머니는 무슨 걱정이나 있는 듯이 부엌을 향하여,

　"고만두어라. 내 밥은 아직 먹고 싶지 않다."

하신다. 어머니는 부엌에서 상을 차리시더니,

　"왜 그러세요. 조금 잡숫지요."

　"아니다. 저기서 먹었다. 오늘 교인 심방을 하느라고 명철이 집에 갔더니 국수 장국을 끓여 내서 한 그릇 먹었더니 아직까지도 배가 부르다."

어머니는 차리던 상을 그대로 놓고 부엌문에서 나오며,

"명철이 집이요, 그래 그 어머니가 편찮다더니 괜찮아요?"

"응 인제는 다…… 낫더라. 그것도 하느님 은혜로 나은 것이지."

우리 할머니는 그 동네 교회 전도 부인이시다. 우리 집안은 본래 우리 할아버지와 아버지 사이가 좋지 못하여 따로따로 떨어져 산다. 그리고 우리 할머니는 열심 있는 교인이요, 진실한 신자이지마는 우리 아버지는 종교(현대 사회에서 명칭하는)에 대하여 냉혹한 비평을 하는 사람이었다.

우리 할머니는 본래 교육이 있지 못하다. 있다 하면 구식 가정에서 유교의 전통을 받아 오는 교육이었을 것이며, 안다 하면 한문이나 국문 몇 자를 짐작할 뿐이요, 새로운 사조와 근대 사상이라는 옮기기도 어려운 문자가 있는지도 알지 못할 것이다. 그러나 나는 그 열두 살 되던 그 해에는 다만 우리 할머니를 한개 예수 믿는 여성으로 알았었으며, 하느님이 부리는 따님으로만 알았다. 종교에 대한 견해라든지 신앙이란 여하한 것인지를 알지 못하였다.

나는 예수교 학교를 다니므로 자기의 선생을 절대로 신임하고 자기의 학교의 교풍을 절대로 존중하였다. 그리고 예수의 십자가에 흘렸던 붉은 피가 참으로 우리 인생의 더러운 피를 씻었으며 수염 많은 할아버지 같은 하느님이 참으로 우리를 내려다보시고 계신 줄 알았었다.

날마다 아침 성경 시간과 주일학교에서 선생에게 들은 바가 참으로 나의 눈앞에 환상으로 나타났었으며 유대 풍속을 그린 성화가 과연 천당, 지옥, 성지, 낙토의 전형으로 보이었었다. 그것이 나에게 어떻든 무슨 인상을 준 것은 사실이니 천사를 생각할 때에는 반드시 서양 여자를 그린 그 채색 칠한 그림이 나의 눈앞에 나타나 보이며, 예수가 십자가에 못박혀 돌아간 것을 생각할 때에는 시뻘건 육괴가 시안을 부릅뜨고 초민과 고통의 극도를 상징하는 그의 표정과 비린내 나고 차디찬 피가 흐르는 예수의 죽음이 만인의 입과 천 년의 세월을 두고 성찬 성찬하며 추앙 경모의 그 부르짖음의 소리가 그 어린 나의 귀와 나의 심안에 닿을 때에도 그것은 고통으로 보이지 않았으며 초민으로 보이지 않았으며 비린내 나는 붉은 피 보혈로 보이었으니, 무서운 시체를 그린 그 그림이 도리어 나의 어린 핏결 속에 무슨 신앙을 불어넣어 주었었다. 그 때의 나의 기도는 하느님이 들었으며 그 때의 나의 죄는 예수가 씻었었다. 그것이 결코 지금의 나를 만족시키며 지금 나에게 과연 신앙을 부어 주지는 않는다 하더라도 내가 열두 살 되는 그 때의 나의 영혼은 있는지 없는지도 판단치 못하던 하느님이 지배하였었으며, 이천 년 옛날에 송장이 되어 썩어진 예수가 차지하였었다. 그 때의 나의 영혼은 나의 영혼이 아니고 공명의 하느님의 것이었으며, 그 때의 나의 생은 나의 생이 아니며 촉루까지 없어진 예수의 생이었다. 그 때의 나는 약자이었으며 그 때의 나는 피정복자이었다. 무궁한 우주와 조화를 잃은 자이었으며 명명 무한대한 대세계에 나의 생을 실현할 능력을 빼앗긴 자이었다.

명명한 대공을 바라볼 때에 유대식 건물의 천당을 동경하였을지라도 자아 심상의 낙토는 몰랐으며, 사후의 영생은 구하였을지라도 생하여서 영생을 알지 못하였다. 사는 생의 척도됨을 알지 못하고 생이 도리어 사후의 희생으로 알았었다.

산상의 교훈과 포도 동산의 교훈을 듣기는 들었으나 열두 살 먹은 나의 호기심을 끌기에 너무 현묘하였으며, 사랑의 복음과 자아의 희생을 역설함을 듣기는 들었으나 나에게 과연 심각한 감화를 주지는 못하였었다. 성경의 해석은 일종의 신화로 나의 귀에 들렸으나 그 무슨 신앙을 주었으며, 성화를 그린 종잇조각은 한 개 완구가 되었으나 빼기 어려운 우상을 나의 심전에 그리어 주었다.

아아, 나는 물으려 한다. 하느님의 사자로 자처하고 교회의 일꾼으로 자임하는 우리 할머니의 그 때의 내면적이나 외면적을 불문하고 열두 살밖에 되지 않은 나의 그것과 얼마나 틀린 점이 있었으며 얼마나 혼점이 있었을는지? 그는 과연 예수의 성훈을 날것대로 삼키는 자가 되지 않고 조리하고 익히며 그의 완전한 미각으로 그것을 저작(음식물을 씹음)할 줄을 알았을까? 그는 참으로 예수의 정신을, 그의 내적 생활을 체득한 자이었을까? 그는 과연 여하한 신앙으로써 생으로 생까지를 살아갔었으며, 그는 참으로 어떠한 영감을 예수교에서 감득하였을까? 나는 다만 커다란 의문표를 안 그릴 수가 없다.

그 날도 우리 할머니는 여자의 몸의 피곤함을 깨달으면서도 무슨 만족함이 그의 얼굴을 싸고 도는 듯하였다. 그러나 한편으로는 자아 이외의 우리 어머나 할멈이나 내나 나의 동생을 일개의 죄인시하는 곳에 가련함을 견디지 못하는 듯한 표정이 그의 시들어 가는 입 가장자리와 가느다란 눈초리에 희미하게 얽히어 있었다. 할머니는 조금 있다가 눈살을 잠깐 찌푸리시더니,

"큰일났어! 예배당에 돈을 좀 가져가야 할 텐데 돈이 있어야지. 다른 사람과 달라서 아니 낼 수도 없고, 또 조금 내자니 우리 집을 그래도 남들이 밥술이나 먹는 줄 아는데 그렇게 할 수도 없고, 이런 말씀을 아버지께 여쭈면 공연히 역정만 내시니까!"

하며 우리 어머니에게 향하여 걱정을 꺼낸다.

"요사이 날이 점점 추워져서 시탄비를 내야 할 터인데 김 부인은 벌써 5원을 적었단다. 그이는 정말 말이지 살아가기가 우리 집에다 대면 말할 것도 없지 않으냐. 그런데 아버지께 그런 말씀을 하니까 역정을 내시면서 남이 죽으면 따라 죽느냐고 야단을 치시면서 돈 1원을

주시는구나. 그러니 애, 글쎄 생각을 해 보아라. 어떻게 1원을 내니?
내 속이 상해서 죽겠어."

하며,

"그래서 하는 수가 있더냐, 명철이 집에 가서 돈 5원을 지금 꾸어 가
지고 오는 길이란다."

하며 차곡차곡 접어 쥔 1원 지폐 다섯 장을 펴 보인다. 우리 어머니는
이렇다 저렇다 말이 없이 가만히 듣고만 있다가,

"그러면 그것은 어떻게 갚으실 것입니까?"

하며 빈곤한 생활에 젖은 우리 어머니는 그 갚는 것이 첫째 문제로 그
의 가슴을 거북하게 하였다.

"글쎄 그거야 어떻게든지 갚게 되겠지? 하다못해 전당을 잡혀서라
도."

하더니,

"에그, 인제 그만 가 보아야지."

하며 벌떡 일어서서 나가려 하다가,

"애 아범은 여태까지 안 들어왔니?"

한 마디를 남겨 놓고 바깥으로 나간다. 우리 어머니는 다만,

"네, 언제든지 그렇게 늦는답니다."

하며 걱정스러운 듯이 문밖으로 할머니를 쫓아나간다.

우리 어머니는 아슬랑아슬랑 어둠 속으로 사라져 가는 우리 할머니의
뒷그림자가 사라져 없어져 가는 것을 바라보고 있었다. 그리고 그 할머
니의 검은 그림자가 다 사라진 뒤에도 여전히 그 할머니의 그림자가 사
라져 없어진 곳에서 무엇을 찾는 듯이 바라보고 서 있다. 모든 것이 검
기만 한 어두운 밤이다. 나도 나의 동생을 등에 업고 어머니를 쫓아 문
밖에 서 있었다. 어머니는 소매 걷은 두 팔을 가슴에 팔짱을 끼고 허리

를 꾸부정하고 서서 근심스러운 듯이 저쪽 길만 바라보고 서 계시다.

고생살이에 다 썩은 얼굴은 웬일인지 나도 쳐다보기가 싫게 화기가 적다. 머리카락이 이마를 덮은 그의 두 눈은 공연히 쳐다보는 나를 울고 싶게 하였다. 때묻은 행주치마와 다 떨어진 짚세기가 더욱 나를 부끄럽게 하였다.

하얀 두루마기가 바라보는 어둠 속에서 희미하게 휘날릴 때마다 우리 어머니는 옆에 서 있는 나에게 나지막한 목소리로,

"아버진가 보다."

하며 나에게 무슨 동의를 청하시는 것처럼 바라보신다. 그러나 그 흰 두루마기가 우리 집으로 향하지 않고 다른 곳으로 지나쳐 버릴 때는 우리 어머니와 나는 섭섭한 웃음을 웃었다.

문간에 서서 아무 말 없이 늦게 돌아오는 우리 아버지를 기다리는 우리는 한 시간이 넘도록 서 있었다. 나의 어린 아우는 등에다 고개를 대고 코를 골며 잔다. 이마를 나의 등에다 대고 허리를 새우등같이 꾸부리고 자다가는 옆으로 떨어질 듯하면 반드시 한 번씩 놀란다. 놀랄 그때 나는 깍지낀 손을 다시 단단히 쥐고 주춤하고 한 번씩 다시 추키었다. 한 시간을 기다려도 아버지는 돌아오시지 않으셨다. 어머니는 힘없고 낙망한 소리로,

"문 닫고 들어가자!"

하시고,

"에그, 어린애가 자는구나. 갖다 뉘어라."

하시며 대문을 덜컥 닫고 들어오신다. 문 닫는 소리가 어쩐지 쓸쓸하고 적적하다. 우리 집 공중을 싸고 도는 공기의 파동은 연색의 파문을 그리는 듯이 동적이 아니며 정적이었으며 양기가 없고 음기뿐이었다. 회색 칠한 침묵과 갈색의 암흑이 이 귀퉁이 저 귀퉁이에서 요사한 선무를

추고 있었다.

나는 그 때에 무엇을 감각하였으며 무엇을 감득하였을까? 회색 침묵과 아득한 암흑이 조화를 잃고 선율이 없이 티없는 쓸쓸한 바람과 섞이어 시름없이 우리 집 전체의 으스스한 공기를 휩싸고 돌아나갈 때 나의 감정은 푸른 감상과 서늘한 감정으로 물들여 주었었다. 마루 끝까지 올라선 나의 눈에 비친 찬장이나 뒤주나 그 외의 모든 기구가 여러 가지 요괴의 화물같이 보일 때에 나의 가슴은 더욱 서늘하여졌었다. 다만 나무 잎사귀가 나무 끝에서 바스락하는 것일지라도 나를 방 안으로 뛰어들어가도록 무섭게 하였다. 어머니가 등잔불을 떼어들고 나의 뒤를 쫓아 들어오실 때에 그 불에 비추인 나의 어두운 그림자가 저쪽 담벼락에서 어른어른하는 것까지 나의 머리끝을 으쓱하게 하였다.

그러나 그 정숙과 공포가 얽힌 나의 심정을 풀어 주고 녹여 주는 것은 나의 뒤에 서 있는 사랑의 신 같은 우리 어머니의 부드러운 사랑의 힘이었다. 그것은 나의 신앙의 전부였으며 나의 앞길을 무한한 저 앞길로 인도하는 구리 기둥이었다. 베드로가 예수를 보고 갈릴리 바다로 걸어감과 같이 이 세상 모든 것을 초월케 하는 최대의 노력이었다. 등잔불의 기름이었으며 쇠북을 두드리는 방망이였다.

방으로 들어온 나는 아랫목에 자리를 펴고 누워서 복습을 하였었다. 본래 공부를 하지 않는 나는 내일에 선생에게 꾸지람이나 듣지 않으려고 산술 문제 두어 문제를 하는 척하여 다른 종이에 옮기어 베끼고 쓰기 싫은 습자는 내일 아침 일찍 일어나 쓰기로 하였다. 나의 동생은 발길로 나의 허리를 지르면서 이리 뒤척 저리 뒤척, 이리 뒤굴 저리 뒤굴, 남의 덮은 이불을 함부로 끌어다가 저도 덮지 않고서 발치에다 밀어던진다. 그리고는 힘있는 콧김을 길게 내쉬며 곤하게 잔다. 우리 어머니는 등잔 밑에서 바느질을 하시며 눈만 깜박깜박하신다. 할멈은 발치에서 고단한 눈을 잠깐 붙였다.

　나는 방 안이라는 조그마한 세계에서 네 개의 동물이 제각각 다른 상태로 생을 계속하는 가운데 남의 걱정과 남의 근심을 알 줄을 몰랐었다. 우리 어머니의 머릿속에는 과연 어떠한 심리 상태의 활동사진이 그의 뇌막에 비치었으며, 늙은 할멈은 어떠한 몽중 세계에서 고생살이 잠꼬대를 하는지 몰랐다. 어린 아우의 단순한 머릿속에도 무서운 호랑이와 동리집 아이의 부러운 장난감을 꿈꾸는 줄은 알지 못하였다. 따뜻한 이불 속에서 두 발을 문지르며 편안히 누웠으니 몇십 분 전 가득하던 감정이 인제는 어디로인지 다 달아나고, 모든 것이 한가하고 모든 것이 평화롭고 모든 것이 노곤한 감동을 유지하는 것뿐이었다. 이제는 어느 틈에 오는지 모르는 달콤한 잠을 기다릴 뿐이었다. 불그레한 등불 밑에 앉아서 바느질하시는 어머니의 머릿속에 있는, 늦게 돌아오시는 아버지를 기다리시는 초민과 지나간 일을 시간의 얽히었다 풀리었다 하는 기억과 연상과 기대와 동경의 엉클어진 심리는 알지 못하고, 다만 재미있는지 기쁜지 으레히 그래야 할 것인지 알지 못하는 무의식의 연장선이 나의 전신을 거미줄 얽듯 얽기를 시작하더니 나는 아무것도 몰랐다. 잠이 들었다.

　어느 때나 되었는지 알지 못하게 든 잠이 마려운 오줌으로 인하여 어렴풋하게 깨었을 때이었다. 이불을 들치고 엉거주춤 일어선 나의 귀에는 지껄지껄하는 사람의 목소리가 들리더니 등잔불에 부신 두 눈 사이로 우리 아버지의 희미한 윤곽이 보였다. 나는 반가운 마음에,

　"아버지!"

하였다. 그러나 우리 아버지는 젓가락으로 앞에 놓인 반찬을 뒤적뒤적하시면서 나를 냉담한 눈으로 멀거니 쳐다보시기만 하시더니 무슨 불만한 점이 계신지 노여운 어조로,

"아버진 뭐든지 다 귀찮다. 어서 잠이나 자거라."

하시고는 다시 본척만척 하시고 반찬 한 젓가락을 입에 넣으신다.

나는 얼굴이 홧홧하도록 무참하였다. 나는 죄지은 사람같이 양심에 무슨 부끄러움이 나의 아버지를 쳐다보지 못하게 하였다. 숙몽에 취하였던 나의 혼몽한 정신은 한꺼번에 깨어지며 뻣뻣하던 두 눈은 기름을 부은 듯이 또렷또렷하여졌다. 그 때야 나는 우리 아버지의 붉은 얼굴을 보고 술 취하신 줄을 알았다.

어머니는 무참해하고 무서워하는 나의 꼴을 보시고 아버지를 흘겨 쳐다보시며,

"어린 자식이 반가워하는 것을 그렇게 말하니 좀 무참하겠소. 어린애들이라 하더래도 좋은 말 한 적은 한 번도 없지."

하시다가 다시 나를 향하시어 혼잣말 비슷한 또는 누구더러 들어 보란 듯이,

"너희들만 불쌍하니라. 아버지라고 믿었다가는 좋지 못한 꼴만 볼 터니까."

하시며 두 눈을 아래로 깔고 방바닥을 걸레로 훔치시는 체하신다.

나는 드러눕지도 못하고 일어나지도 못하였다. 드러눕자니 아버지 진지 잡숫는 데 불경이 될 터이요, 그대로 앉았자니 자다가 일어난 몸이 추운 가운데 공연히 무서워서 몸이 떨린다. 이런 때는 나의 어머니가 변호인이요, 비호자임을 다소간의 지낸 경험으로 알고 또는 사람의 본능으로 모성의 자애를 신임하는 나는 우리 어머니의 얼굴만 쳐다보았다.

그 때 마침 어머니는,

"어서 누워 자거라, 아버지 진지도 거의 다 잡수셨으니."

하셨다. 나의 마음은 얼었던 것이 녹는 듯이 아주 좋았다. 나는 못 이기

는 체하고 곁눈으로 아버지의 눈치만 보며 이불 자락을 들었다. 그리고
는 눈 딱 감고 이불을 귀까지 푹 덮고 그대로 드러누웠다. 그러나 잠은
어디로 달아나 버렸는지 오지 않는 잠을 억지로 자는 척하지마는 마음
은 조마조마하여 못 견딜 지경이었다.

　아버지는 숟가락을 탁 집어 상 위에 내던지시더니,

　'엥, 내가 없어야 해. 없어야 해.'를 두서너 번 중얼거리시더니,

　"그래 자기 자식은 굶는지 죽든지 상관하지를 않고 예배당인지 무엇
　인지 거기에다 빚을 얻어다가 주어야 해?"

하시며 옆으로 물러앉으니까 어머니는,

　"누가 알우, 왜 그런 화풀이는 내게다가 하우."

하시는 소리가 떨어지기도 전에,

　"무엇, 흥, 기가 막혀. 그래 예수가 무엇이고 십자가가 무엇이야? 예
　배당에 다닌다 하고 구두만 신고 다니면 제일인가? 왜 구두를 신어!
　그 머리가 허연 이가 구두짝을 신고 다니는 꼴이라니. 활동사진 박을
　만하지. 예수가 무슨 말을 하였는지 알아듣기나 한다나? 그 사생아를
　하느님의 아들이라고? 그러나 예수가 나쁜 사람은 아니지. 좋은 사람
　이지. 참 성인은 성인이야! 그렇지만 소위 예수 믿는 사람들이 예수라
　는 그 사람을 믿었지, 예수가 부르짖은 그 하느님은 믿지 못하였어!
　하느님은 이 세상 아니 계신 곳이 없지! 누구에게든지 하느님은 계신
　것이야! 다 각각 자기 마음속에 하느님이 계신 것이야! 여편네들이 무
　엇을 알아야지. 내가 이렇게 떠들면 술 먹고 술주정으로만 알렷다!
　흥, 우이독경이야! 기막히지! 여보 무엇을 알우? 그런 늙은이가 무엇
　을 알아. 그래 신앙이 무엇인지 참 종교가 무엇인지를 알아? 예수, 예
　수 하고 아주 기도를 하고! 그것은 모두 약자의 짓이야. 사람은 강자
　가 되어야 해!"

우리 어머니는 듣고만 계시다가,

"듣기 싫소. 웬 잔말이오! 그런 말을 하려거든 어머니나 아버지한테 가서 하구려."

하시며, 상을 들고 나가려고 하니까 아버지는,

"뭐야, 듣기 싫다구?"

하시더니 어머니의 치마를 홱 잡아당기시는 김에 치마가 북 하고 찢어졌다. 어머니는 상을 할멈에게 주고 찢어진 치마를 들여다보시며 얼굴이 빨개지신다. 여자인 어머니는 의복의 파손이 얼마큼 아까운지 모르시는 모양이다. 치마폭이 찢어지는 그 예리한 소리와 함께 우리 어머니의 신경은 뾰족한 바늘 끝으로 쪽 내리베는 것같이 날카롭고 자극을 받으신 모양이다.

"이게 무슨 짓이오. 여편네 옷을 찢지 못하면 말을 못하오? 그래 무슨 말이오. 어디 말을 좀 해 보우. 어쩌자고 이러시우. 날마다 늦게 술이나 취하여 가지고 만만한 여편네만 못살게 구니 참으로 사람 죽겠구려! 무슨 말이오. 할말 있거든 어서 하시오!"

흥분된 어조를 조금 높이신 까닭에 높은 음성은 또 우리 아버지를 흥분시키는 동시에 노엽게 하였다

"말을 하라구? 흥, 남편 된 사람이 옷을 좀 찢었기로 무엇이 어쩌구 어째?"

"글쎄 내가 무엇이라고 했소, 내가 무슨 죄요. 참으로 허구한 날 살수가 없구려."

"듣기 싫어. 여편네들이 무엇을 알아야지. 남편의 심리를 몰라주는 여편네가 무슨 일이 있어서. 다 고만두어. 나는 우리 아버지에게 내버림을 당한 사람이고 세상에서 구박을 당한 사람이니까…… 에…… 후……."

우리 아버지는 이렇게 떠드시다가 다시 한참 가만히 앉아 계시더니 벌떡 일어나시며,

"엥! 가만 있어라. 참말 그대로 있을 수는 없어! 내가 가서 좀 설교를 해야지. 내가 목사 노릇을 좀 해야 해."

하고 모자를 쓰고 벌떡 일어나시며 문밖으로 나가시려고 하니까, 어머니는 또다시 목소리를 고치시어 부드럽고 애원하는 중에도 조금 노기를 띠신 어조로,

"여보, 제발 좀 고만두. 글쎄 이게 무슨 짓이오. 이 밤중에 가기는 어디로 가며 가서 어떻게 하실 모양이오. 자! 고만 옷 좀 벗고 눕구려."

아버지는 듣지도 않고 방문을 홱 열어젖뜨린다. 고요한 저녁 공기가 훈훈한 방 안으로 훅 불어오며 나의 온몸을 선뜩하게 하더니 석유 등잔의 불이 두어 번 뻔득뻔득한다.

어머니는 아버지의 팔을 붙잡으시었다. 웅크리고 마루에 앉아 있던 할멈은 황망하여하지도 않고 여러 번 경험한 그의 침착한 태도로 두 팔을 벌리고 다만 이리 왔다 저리 갔다 하면서 동정만 살피고 있다.

어머니는 떨리는 목소리로,

"글쎄 남부끄럽지도 않소. 어서 들어갑시다. 가기는 어데로 가우. 남이 알면 글쎄 무슨 꼴이우."

하는 말을 듣지도 않으시고 우리 아버지는 어머니의 팔을 홱 뿌리치신다. 어머니는 에크 소리를 지르시며 방문 밖에서 방 안으로 넘어지시며 한참이나 아무 말 없이 엎드려 계신다.

"남부끄럽다? 남부끄럼을 당하는 것보다도 자기 양심에 부끄러운 짓을 하는 것이 더욱 부끄러운 것이야."

하시고 술 취하신 얼굴에 분기를 띠시고 또한 옆으로는 엎어져 일어나시지도 못하는 어머니를 다소간 가엾음과 미안한 마음이 생기시나, 위

신상 어찌하시지 못하는 어색한 얼굴을 돌이켜 보지도 않으시고 문 바깥으로 나가신다.

나가시는 규칙없는 발걸음 소리가 대문을 닫히는 소리와 함께 사라졌다.

할멈은 어머니를 붙잡아 일으키시며,

"다치지 않으셨어요?"

하며 어머니가 애처로워 보이기도 하고 또 아버지의 술주정이 귀찮기도 하여서 상을 찌푸려 어머니를 들여다보시며 물어본다.

나도 그 때야 이불을 벗고 일어나서 어머니를 보았다. 어머니는 일어나 앉으시기는 앉았으나 아무 말이 없으셨다.

철모르는 나의 아우는 말라붙은 코딱지를 떼며 주먹으로 비비면서 힘없는 손가락을 꼼질꼼질하며 자고 있다. 나는 다만 어머니의 동정을 살피고 있었을 뿐이었다.

몇 분 동안은 아주 고요 정적하여졌다. 폭풍우가 지나간 바다의 물결 같은 공기가 온 방 안을 채우고 자는 듯이 고요하다.

그 때야 나는 어머니의 머리카락이 덮인 두 눈을 바라보았다. 두 눈에는 불에 비쳐 반짝거리는 눈물 방울이 방울방울 떨어지고 있었다. 이것을 본 나의 전신의 뜨거운 피는 바늘 끝으로 찌르는 듯이 파랗게 식는 듯하였다. 나의 마음은 어머니의 눈물에서 그 무슨 비애의 전염을 받는 듯이 극도로 쓰렸었다. 나는 그대로 어머니의 얼굴을 쳐다볼 수가 없어 이불을 뒤집어쓰고 어머니와 함께 눈물 흘려 울었다.

할멈은 화젓가락만 만지고 있는지 달가닥달가닥 하는 소리가 들릴 뿐이다. 그리고 어머니의 떨리는 숨소리와 코마시는 소리가 이불을 뒤집어쓴 나의 귀 위에서 연민과 비애의 정을 속삭여 주었다.

어머니는 한참이나 우시더니 코를 요강에 푸시고 이불을 다시 붙잡아

나와 나의 동생을 다시 덮어 주시었다. 그리고 한 손으로 나의 발치와 나의 가장자리를 어루만져 주실 때, 간지러운 자애의 정이 부드러운 명주옷같이 나의 어린 가슴을 따뜻하게 하시었다.

이튿날 아침, 우리 어머니는 나의 동생의 손을 잡고 나와 함께 우리 외가로 향하여 떠나갔다. 물론 아침도 먹지 않고 늦도록 주무시는 아버지의 아침밥은 할멈에게 부탁이나 하셨는지 으레히 알아 할 할멈에게 집안일을 맡기시고 5리 남짓한 외가로 갔다.

가는 길에 나는 매우 기뻤었다. 무엇 하러 가시는지도 모르는 어머니의 심정은 알지도 못하고 귀여워하시는 할머니를 만나러 간다는 것만 좋아서 앞장을 섰다.

그 때의 어머니는 하소연할 곳을 찾아가시는 것이었을 것이다. 팔자의 애소를 자기의 친부모에게 하러 가시는 것이었을 것이다. 일생을 의탁할 우리 아버지를 사랑하지 않는 것이 아니며 못 믿는 것이 아니지마는, 발아래 엎드려 몸부림할 만큼 자기의 울분과 자기의 비애를 호소할 곳을 찾아 지금 우리 어머니는 우리 외가로 가시는 것이다.

그 때 그에게는 자기 부모가 유일한 하느님이며 위안자이었다. 약한 심정을 붙일 만한 신앙을 갖지 못한 우리 어머니는 자애의 나라로 달음박질하면 거기에 자기를 위로하여 주고 자기의 애소의 기도를 들어 줄 아버지 어머니가 계실 것을 믿음이었다. 명명한 대공과 막막한 천애 저편에 위안 나라를 건설치 못하고 작은 가슴속과 보이지 않는 심상 위에 천당과 낙원을 걷지 못한 우리 어머니는 다만 자애의 동산을 찾아가시었다.

걸어가시는 어머니의 얼굴에는 어제저녁의 울분을 참지 못하시는 푸른 표정과 어머니나 아버지에게 팔자 한탄을 푸념하리라는 굳은 결심의 빛이 보였었다.

가게 앞을 지나고 개천을 건너고 사람과 길을 피하고 돌멩이가 발끝에 차일 때에도 우리 어머니의 머릿속에는 그것뿐이었을 것이다.

그러나 우리 어머니의 머리는 그렇게 단순한 것이 아니었다. 나어린 어린아이의 그 마음을 갖지는 않았었다. 우리를 볼 때 우리 아버지를 생각하며 부모와 자애를 생각할 때에도 자기의 충심에서 발동하는 애모의 정을 깨달았다.

그는 자기의 남편을 사랑하는 동시에 자기의 부모를 사랑하였다. 그는 자기 남편의 불명예를 자기 부모에게 하소연하는 것을 아까 집 대문을 나설 때까지는 결심하였는지는 알지 못하겠으나, 반이나 넘어 가까이 자기 부모 집을 왔을 때에 그것을 부끄리는 정이 나오는 동시에 또한 그 불명예로운 소리를 말하는 아내 된 자기의 불명예로움을 알았다. 그리고 자기 남편의 불명예를 은폐하려는 동시에 자기 부모의 심로를 생각하였다. 자애를 부어 주는 자기 부모에게 자기의 울분을 애소하는 것이 자기에게는 좋은 것이나 자기 부모의 마음을 조심되게 함을 깨달았다.

나의 동생은 아슬렁아슬렁 걸어가면서 무어라고 감흥에 띤 이야기를 중얼거리면서 걸어간다.

어머니는 외가에 거의 다 왔었을 때에 나에게 은근한 목소리로,
"너 할머니나 할아버지께 어젯저녁에 아버지가 술 먹고 야단했다는
말은 하지 말아라."
하시며 무슨 응답이나 들으려 하시는 듯이 나를 들여다보신다. 나는,
"네."
하였다. 그 '네' 소리가 나의 입에서 떨어지면서 무슨 해결치 못할 문제가 다 풀린 듯한 감이 생기며 집에서 나올 때부터 무슨 불행스럽고 불안하던 마음이 다시 화평하여졌다.

젊은이의 시절

　아침 이슬이 겨우 풀끝에서 사라지려 하는 봄날 아침이었다. 부드러운 공기는 온 우주의 향기를 다 모아다가 은하 같은 맑은 물에 씻어 그윽하고도 달콤한 내음새를 가는 바람에 실어다 주는 듯하였다. 꽃다운 풀 내음새는 사면에서 난다.

　작은 여신의 젖가슴 같은 부드러운 풀포기 위에 다리를 뻗고 사람의 혼을 최면제의 마약으로 마비시키는 듯한 봄날의 보이지 않는 기운에 취하여 멀거니 앉아 있는 조철하는, 그의 핏기 있고 타는 듯한 청년다운 얼굴은 보이지 않고 어디인지 찾아낼 수 없는 우수의 빛이 보인다.

　그는 때때로 가슴이 꺼지는 듯한 한숨을 쉬었다. 그는 몸을 일으켜 천천한 걸음으로 시내가 흐르는 구부러진 나무 밑으로 갔다. 흐르는 맑은 물은 재미있게 속살대며 흘러간다. 푸른 하늘에 높다랗게 떠가는 흰 구름이 맑은 시내 속에 비치어 어룽어룽한다.

　꾀꼬리 한 마리는 그 나무 위에서 울었다. 흰 나비 한 마리가 그 옆 할미꽃 위에 앉아 그의 날개를 한가히 좁혔다 폈다 한다. 철하는 속으로 무슨 비애가 뭉친 감상의 노래를 불렀다.

　사면의 모든 것은 기꺼움과 즐거움이었다. 교묘하게 조성된 미술이었다. 음악이었다.

　그러나 그의 입속에서 부르는 노랫소리나 그의 눈초리에 나타나는 표정은 이 모든 기꺼움과 즐거움과 아름다운 포위 속에서 다만 눈물이 날 듯한 우수와 전신이 사라지는 듯한 감상뿐이었다.

그는 속마음으로 부르짖었다.

하느님이여! 하느님은 나에게 가슴을 뭉클하게 하고 말할 수 없이 갑갑하게 하며 아침날에 광채 나는 처녀의 살빛 같은 햇볕을 대할 때나, 종알거리며 경쾌하고 활발하게 흐르는 시내를 만날 때나, 너울너울 춤추는 나비를 볼 때나, 웃는 꽃이나 깜박이는 별이나 하늘을 흐르는 은하를 볼 때, 아아 나의 사지를 흐르는 끓는 피 속에 오뇌의 요정을 던지셨나이까? 감상의 마액을 흘리셨나이까?

아아, 악마여, 너는 나의 심장의 붉고 또 타는 것을 보았는가? 나의 심장은 밤중에 요정과 꿀 같은 사랑의 뜨거운 입을 맞추고 피는 아침의 붉은 월계보다 붉고, 나의 온몸을 돌아가는 피는 마왕의 제단에 올리려고 잡는 어린 양의 애처로운 피보다도 정하였다. 또 정하다. 아아, 너는 그것을 빼앗아 가려느냐? 너는 그것을 너의 그치지 않는 불꽃 속에 던지려느냐?

이 젊은 청년은 어렸을 때부터 저녁 해가 뉘엿뉘엿 서산으로 넘으려 할 때 붉은 석양에 연기 낀 공기를 울리며 그의 대문 앞을 지나 멀리 가는 저녁 두부장수의 슬피 부르짖는 '두부 사려!' 하는 소리나 집터를 다지는 노동자들의 '엘럴러 상사디야' 소리를 들을 때나, 한적한 여름날 처녀 혼자 지키는 집에 꽹매기 두드리며 동냥하는 중의 소리를 들을 때나, 더구나 아자의 영원히 떠남을 탄식하며 눈물지어 우는 어머니의 울음을 조각달이 서산으로 시름없이 넘어가는 새벽 아침에 들을 때나, 아아, 하늘 위에 한없이 떠가는 흰 구름이여, 나의 가슴속에 감추인 영혼과 그의 지배를 받는 이 나의 육체를 끝없는 저 천애로 둥실둥실 실어다 주어지라! 나는 형적도 없고 보이지도 않는 그 소리 속에 섞이고 또 섞이어 내가 나도 아니요, 소리가 소리도 아니요, 내가 소리도 아니요, 소리가 나도 아니게 화하고 녹아서 괴로움 많고, 거짓 많고, 부질없는 것이 많은 이 세상을 꿈꾸는 듯 취한 듯한 가운데 영원히 흐르기를 바란다 하였다.

그는 어렸을 때부터 자연의 미묘한 소리에 한없는 감화를 받았다. 그는 홀로 저녁 종소리를 듣고 눈물을 씻었으며 동요를 부르며 지나가는 어린 계집아이를 안아 주었다.

그는 가끔 음악에 대한 서적도 많이 보았다. 더구나 예술의 뭉치인 가극이나 악극을 구경할 때에 그 무대에 나타나는 여우(여배우)의 리듬 맞춘 경쾌하고 사랑스럽고 또 말할 수 없는 정욕을 주는 거동을 볼 때나, 여신같이 차린 처녀의 애연한 소리나 황자(황태자)같은 배우의 매력을 가진 목소리가 모든 것과 잘 조화되어 다만 그에게 주는 것은 말하기 어려운 환상뿐이었다. 넘칠 듯한 이상뿐이었다. 인생의 비애뿐이었다.

그는 지금 나무 밑에 서서 주먹을 단단히 쥐고 공중을 치며,

"음악가가 되었으면! 세상에 가장 크고 극치의 예술은 음악이다. 나는 음악가가 될 터이다."

그는 한참 있다가 다시

"아니, 아니 '음악가가 될 터이야.'가 아니다. 내가 나를 음악가라 이름짓는 것은 못난이 짓이다. 아직 세상을 초탈하지 못한 까닭이다. 그렇다 다만 내 속에 음악을 놓고 내가 음악 속에 들 뿐이다."

그의 표정에는 이 세상 모든 것을 조소하는 웃음이 넘치는 듯하였다. 그는 한참 가만히 있었다. 그러다가 그는 갑자기 눈에 희미한 눈물 방울이 괴었다. 그리고 다시 주먹을 쥐고,

"에…… 가정이란 다 무엇이야, 깨뜨려 버려야지, 가정이란 사랑의

형식이다. 사랑 없는 가정은 생명 없는 시체다. 아아, 이 세상에는 목숨 없는 송장 같은 가정이 얼마나 될까? 불쌍한 아버지와 애처로운 어머니는 왜 나를 나셨소. 참진리와 인생의 극치를 바라보고 가려는 나를 왜 못 나가게 하세요. 어머니 아버지가 나를 낳아 기를 때에 얼마나 애끓이는 생각을 하셨어요. 어머니는 나를 업고 어떠한 날 새벽에 우리 집에 도적이 들어오니까 담을 넘어 도망을 하시려다 맨발바닥에 긴 못을 밟으시어…… 아아 어머니, 나는 지금 그것을 생각만 하여도 가슴을 찌르는 듯합니다. 그러나 어머니, 어머니의 그와 같은 자비와 애정은 헛된 것이 되었습니다. 나는 차마 못 하는 눈물을 흘리고서라도 가정을 뒤로 두고 나 갈 곳으로 갈까 합니다."

이렇게 흥분하여 있을 때에 누구인지 뒤에서,

"그러면 같이 갑시다……."

하는 고운 여성의 목소리가 들린다. 그는 돌아다보고 눈물 괸 두 눈에 웃음을 띠었다. 두 눈에 괸 눈물은 더 또렷하게 광채가 났다. 눈물은 그의 뺨으로 떨어졌다.

"아아 누님, 아아 영빈 씨."

하고 그는 손을 내밀었다. 누님은 그의 동생의 눈물을 보고 아주 조소하듯,

"시인은 눈물이 많도다."

하며 하하 하고 웃는다. 누님하고 같이 온 영빈이란 청년은 껄껄하고 어디인지 아주 불유쾌한 표정을 나타내며,

"눈물은 위안의 할아버지요, 허허허."

철하는 눈물을 씻고 아주 어린아이같이 한 번 빙긋 웃고,

"왜 인제 오세요, 네? 나는 한참 기다렸어요. 그러나 그것은 어찌나 되었어요?"

이 말대답을 영빈이가 가로맡아서 대답하였다.

"다…… 틀렸어요. 실업가의 아드님은 부모에게 정신 유전을 받는 것 같이, 이 직업이나 학업도 유전적으로 해야 한다고 당당한 다윈의 학설을 주장하시니까요. 저는 더 말할 것 없습니다마는…… 제삼자가 되어서…… 매씨께서도 퍽 말씀을 하셨으나 무엇무엇 당초에……."

철하는 이 소리를 듣고 과도의 실망으로부터 나오는 침착으로 도리어 기막힌 웃음을 띠고,

"아아, 제2세 진화론자의 학설은 꽤 범위가 넓구먼……."

그러하나 그의 누이 경애는 상냥하고도 부드러운 표정을 하고 그에게로 가까이 가서,

"무엇 그렇게까지 슬퍼할 것은 없을 듯하다. 아주머니도 네가 날마다 울고 지내는 것을 보시고 아버지께 자주자주 여쭙기는 하나 본래 분주하시니까 여태껏 자세히는 못 여쭈어 보신 모양인데, 무엇 아무렇기로 너 하나 음악 공부 못 시키겠니. 아버지가 안 시키면 아주머니라도 시키겠다고 하셨는데…… 아무 염려 마라 응! 너의 뒤에는 부드러운 햇솜 같은 여성의 후원자가 둘이나 있으니까, 무얼 아버지도 한때 망녕으로 그러시는 것이지, 사회에 예술이 얼마나 유익한 것인지 아주 모르시지도 않은 것이고…… 자…… 너무 그러지 말고 천천히 집으로 들어가자. 그리고 오늘 저녁에는 중앙극장에 오페라 구경이나 가자. 이것은 무엇이냐? 사내가 눈물을 자꾸 흘리며…… 실연했니? 하하하 자, 어서 가자 어서."

아지랑이 같은 부드러운 경애의 마음이여, 천사의 날개에서 일어나는 바람결같이 가벼운 그의 음조. 공중으로 떠오르는 듯한 철하의 가슴속에 있는 모든 열정의 뭉친 의식을 그의 누님의 그 마음과 음조는 모두 다 녹여 버렸다. 그 녹은 것은 눈물이 되어 쏟아져나왔다.

"누님, 저의 마음은 자꾸만 외로워져요. 아버지, 어머니 다 믿을 수 없어요. 나는 누구를 믿을까요? 나는 누님밖에 믿을 사람이 없습니다. 나의 가슴에 보이지 않게 뭉친 것은 누님만 알아주십니다."

그의 애원하는 정은 그의 가슴에 복받쳐 올라와 눈물지으면서 그의 누이의 손을 쥐었다. 그러나 여성의 손을 잡는 감정에 그는 아무리 자기의 누님이라 할지라도 알지 못하게 가슴을 지나가는 발랄한 맛을 보았다. 그는 얼른 손을 놓았다.

저녁 해가 질 만하여 그들은 넓고 넓은 들언덕을 걸어간다. 경애는 파라솔을 접어 풀밭을 짚으면서 구두 끝으로 앞 치맛자락을 톡톡 차면서 걸어가고, 영빈은 무슨 책인지 금자로 쓴 커다란 책을 들고 그 옆을 따라가며, 철하는 두 사람보다 조금 앞서서 두 사람을 가지 못하게 막는 듯이 걸어간다. 동리에 저녁 안개는 공중에 퍼지어 그 맑던 공기를 희미하게 하고 땅에 난 선명하게 푸른 풀을 잿빛으로 물들인다. 경애는 다시 말을 내어 영빈에게,

"저는 예술이란 것을 알지 못합니다마는 예술가들은 다 저 모양입니까?"

하며 자기 오라비동생을 가리킨다. 영빈은 기침을 두어 번 하고,

"그렇지요, 예술을 맛보려 하는 사람은, 더구나 예술의 맛을 본 사람은 처녀가 사랑을 맛보려는 것이나 맛을 안 것과 같습니다."

하고 무심히 경애의 얼굴을 들여다본다. 그 들여다보는 것에는 무슨 의미가 있는 듯하였다. 경애는 그 뚫어지게 들여다보는 영빈의 눈을 피하여 다시 철하를 바라보며,

'참으로 그러한가?'

하는 듯하였다. 그리고,

'나는 너를 다시 동정하겠다. 지금까지는 다만 남매의 정으로 동정하

여 왔지마는 지금부터는 참으로 너의 괴로운 가슴을 동정하리라.'
하였다. 왜 그런고 하니 그는 사랑으로 인하여 마음의 견디기 어려운
괴로움을 당하여 본 까닭이었다.

사랑은 이 세상 모든 것에서 떠나고 뛰어넘은 것이고 벗어난 것이다.
문학가가 신의 부르는 영의 곡을 받아서 써 놓은 것이나, 음악가·미술
가·배우들이 그 예술 속에 화하여 이 세상 모든 것으로부터 떠나는 것
과 같이 경우를 생각하고 시기를 생각하는 것은 참사랑이 아니다.

경애는 영빈을 사랑한다. 영빈도 경애를 사랑한다고 한다. 경애는 사
랑이요, 사랑은 경애요, 영빈은 사랑이요, 사랑은 영빈이라. 사랑과 영
빈과 경애는 한몸이다. 세 사람은 어떠한 요릿집에서 저녁을 먹고 철하
는 두 사람에게 작별을 하고 어디로인지 혼자 가 버렸다.

두 주일이 지났다. 철하는 날마다 자기 방에 앉아 울었다. 그는 다만
자기 희망의 머리카락만한 것은 자기의 누님으로 생각하였다. 자기의
누님은 예술이란 것을 이해하고 자기의 마음을 알아주고 자기를 위하여
준다 하였다. 아아, 하늘의 선녀여, 바닷가의 정이여, 그대는 나를 위하
여 나를 쌀 것이다. 숭엄하고 순결한 것이라야 숭엄하고도 순결한 것을
싸나니 그대는 나를 싸 줄 것이다. 예술이란 숭엄하고도 순결하니까.

그는 저녁마다 꿈을 꾸었다. 꿈마다 천사와 만난 그는 천사에게 아름
다운 음악을 들려 받았다. 그 음악 소리는 그의 모든 것을 여름날 지평
선 위로 떠오르는 흰 구름같이 희고, 그 뒤에는 봄날의 아지랑이같이
희고, 그 뒤에는 한 줄기의 외로운 바이올린의 가는 선으로 떨려 오르
는 세장하고 유원한 음악 소리로 화하였다. 그는 그 음악 소리를 타고
한없는 곳으로 영원히 흐르는 듯하였다. 조그마한 근심도 없고 다만 아
름다움과 말하기 어려운 즐거움뿐으로…… .

그가 그 음악 소리를 타고 흐를 때 우리가 땅 위에서 무엇을 타며 다

니는 것과 같이 규칙없는 박절로써 흐르는 것이 아니라, 간단없고 한결같아 그의 기꺼움은 있다 없다 하는 웃음으로 나타나지 않고 그의 자는 얼굴에는 빛나는 미소로 찼었으며, 빛나는 달빛이 창으로 새어들어 그의 얼굴을 한층 더 빛나게 하였다.

그가 한참 흘러가다가 멈칫하고 쉴 때에는 잠을 깨었다. 괴로움과 원망함이 다시 생기었다. 그가 창을 열고 달빛이 가득 찬 마당을 볼 때 차디찬 무엇이 그의 피를 식혀 버리는 듯하였다. 그는 또다시 울었다. 그의 울음은 결코 황혼에 쇠북 소리를 듣는 듯한 얼없이 가슴 서늘한 설움에서 나오는 것이 아니라, 파란 물 위에서 은빛 물결이 뛸 때 강 언덕 마을 집에서 일어나는 젊은 과부의 창자를 끊는 듯한 울음소리 같은 슬픔으로 나오는 울음이었다. 그는 머리를 팔에 대고 느껴 가며 울었다.

그는 속마음으로, '천사여' 하고 불렀다. 또 '마녀여' 하고 불렀다.

너희들은 무엇들을 하는가? 달이 빛을 내리쏘는 것이나, 별들이 속살대는 것이나, 모래가 반짝거리는 것이나, 나뭇잎에 이슬이 달빛을 반사하여 번쩍거리는 것이나, 나의 전신의 피를 식히는 듯이 선뜩하게 하는 것이나, 나의 가슴속을 괴롭게 하는 것이 천사여, 너나 마녀여, 너나 누구의 술법으로써 나를 괴롭게 하는 것이라 하면, 혹은 지나간 세상에서 나에게 실연을 당한 자가 천사가 되고 마녀가 되어 나를 괴롭게 하는 것이면, 누구든지 그 중에 힘센 자는 나를 가져가라. 천사나 마녀나 그리고 너의 가장 지독한 복수의 방법을 취하라. 그러나 데려다가 못 견딜 빨간 키스는 하지 말 것이다.

그렇지 않고 둘이 다 세력이 같거든 나를 둘에 쪼개 가라. 아니 아니, 잠깐 가만히 있거라. 나는 조그마한 희망이 있다. 나의 누님이시다.

그는 다시 잤다.

그 이튿날, 경애는 일어나 세수를 하고 근심이 있는 듯이 자기 오라

비아우에게로 왔다. 그가 드러누워 있는 아우의 자리로 가까이 와,

"어서 일어나거라, 무슨 잠을 여태 자니?"

"가만히 계세요. 남은 지금 재미있는 꿈을 꾸는데."

"무슨 꿈을?"

하고 경애는 조금 말을 그쳤다가,

"그런데 영빈 씨는 웬일이야. 그 후 한 번도 만나보지 못하고 또 편지 한 장 없으니…… 어디가 편치 않은지도 몰라. 벌써 두 주일이나 되었지? 그러나 무엇 다른 일 없겠지. 너 오늘 좀 가 보렴, 아침 먹고……."

철하는 빙그레 웃으며 고개를 돌리어 벽을 향하여 드러누우며,

"싫어요. 나는 그런 심부름만 한답디까? 영빈 씨인지 무엇인지 무엇을 아는 체 그까짓 게 예술가가 무엇이야. 어떻게 열이 나는지, 지금 생각하여도 분하거든. 남은 한참 누님 오기만 기다리고 있는데…… 무슨 좋은 소식이나 올까 하고 묻지 않는 말을 꺼내어, '다 틀렸어요, 실업가의 아드님은……' 어찌하고 알지도 못하고 떠드는 것은 참 불티를 저지르고 싶거든, 망할 자식."

감상적인 철하는 생각나는 대로 말을 다 하고 다시 돌아누웠다. 그의 누님은 얼굴이 빨갰다 파랬다 한다. 아무리 자기의 동생일지라도 자기 정인에게 치욕을 주는 것은 그대로 견뎌 내기 어려웠다. 그러하나 무엇이라 말을 할 수도 없고 억지로 분함을 참으면서,

"어디 너 얼마나 그러나 보자. 내 말을 듣지 않고 무엇이 될 줄 아니? 고만두어라."

일어서 나아간다. 철하는 돌아누운 채 속으로 혼자 웃으면서 일부러 부르지도 아니하였다. 그러나 경애는 철하가 다시 부르려니 하였다. 그것이 여성의 약하고도 아름다운 점이었다.

철하는 아침을 먹고 대문을 나섰다. 정한 곳 없이 걸어갔다. 그는 어떠한 네거리에 왔다. 거기에는 전차를 기다리는 사람이 많이 서 있었다. 그 어떤 한 여자 하나가 거기 서서 전차를 기다리고 있는 것을 보았다. 그 여자는 자기 누이보다 더 예쁘지는 못하나 어디인지 자기 누이가 갖지 못한 미점이 있는 여자라 하겠다. 그는 한참 보다가 다시 두어 걸음 나아가 또다시 돌아보았다. 그는 그 옆에 영빈이가 서 있는 것을 보았다. 영빈은 그 여자와 무슨 이야기를 하고 서 있었다. 철하는 다만 반가움을 못 이기어,

"야! 영빈 씨, 오래간만이십니다그려. 왜 그렇게 한 번도 아니 오세요? 저의 누님은 매우……."

"네…… 네…… 어디로 가십니까?"

영빈은 아주 냉담하였다. 철하를 아주 싫어하는 듯하였다. 그리고 전차가 얼른 왔으면 하는 듯이 저편 전차가 오는 곳을 바라본다. 철하는 그래도 여전하게 반가이,

"네, 아무래도 좋지요. 참 오래간만입니다. 마침 좀 만나뵈오려 하였더니 잘되었습니다. 바쁘지 않으시거든 우리 집까지 좀 가시지요."

그전 같으면 가자기 전에 먼저 나설 영빈이가 오늘은 아주 냉정하게,

"아녜요, 오늘은 좀 일이 있어요. 일간 한번 들르지요."

그 때 전차가 달려온다. 영빈은 그 여자와 함께 전차를 타며 모자를 벗는 둥 마는 둥 하더니, '또 뵙겠습니다' 한다. 철하는 기막힌 듯이 가만히 서 있었다. 전차는 떠났다. 멀리 달아나는 전차만 멀거니 바라보는 철하는 분한 생각이 갑자기 나서,

"에! 분해……."

사람의 본능이여, 아침에 방에 드러누워서는 일부러 장난으로 자기 누이에게 영빈과의 사랑을 냉소하였으나 지금은 다만 자기 누이의 불행

을 위하여 눈물을 흘리고 가슴을 쓰리게 하지 아니치 못하였다. 나의 가장 사랑하는 누이가 영빈이란 가(가짜)예술가, 부랑자, 악마 같은 놈에게 애인이란 소리를 들었던가? 하는 생각을 할 때 그는 기어코 원수를 갚아야 하겠다 하였다. 그는 부리나케 전차가 간 곳으로 향하여 갔다.

그는 주먹을 쥐고 무엇이라 중얼중얼하였다. 또다시 정처없이 갔다. 그는 하루 종일 집에 돌아가지 않고 돌아다녔다. 만난 사람도 별로 없다. 저녁이 거의 되었다. 전등은 켜지었다. 철하는 영빈에게 꼭 원수를 갚으리라 하고 그의 집 대문으로 들어섰다.

"이리 오너라……."

하고 불렀다. 하인이 나와 보다가 아무 말도 아니하고 들어가더니 영빈이가 나오며,

"아! 아까는 대단히 실례했습니다. 이리로 들어오시지요."

하고 그전과 같이 반갑게 맞아 준다. 철하는 그러하면 내가 공연히 영빈을 의심하였다 하는 생각이 들며 하루 종일 벼르던 분한 생각이 반이나 사라진다.

철하는 방문에 버티고 서서 방 안을 들여다보며,

"아녜요. 잠깐 다녀오라고 하여서 왔어요."

"아까 매씨도 다녀가셨습니다."

영빈은 무슨 하지 못할 말을 억지로 하는 듯하였다. 그의 얼굴에는 무슨 죄악의 그림자가 보이는 듯하였다. 철하의 분한 마음은 자기 누이가 다녀갔다는 말에 다 날아가 버렸다. 그러나 그의 머릿속에는 아무도 없는 영빈의 방에 자기 누이인 여성이 다녀갔다는 말을 들을 때에 여자를 입맞추는 것, 음란한 행동의 환영이 보이고 또 사랑의 귀여움도 생각하였다. 그는 미소를 띠며,

"네 그래요? 그러면 제가 오히려 늦었습니다그려. 그러면 가 보겠습니다."

"왜 그렇게 들어오지도 않으시고 가세요."

"아녜요. 관계치 않습니다. 얼핏 가 보아야지요."

철하는 대문에까지 나와 다시 무엇을 생각한 듯이 영빈에게,

"아까 그 여자가 누구입니까?"

하였다. 영빈은 주저주저하다가,

"네…… 네…… 저의 사촌누이예요."

"네…… 그러세요. 그러면 내일 한번 우리 집에 놀러오시지요. 안녕히 주무십쇼."

철하는 휘적휘적 자기 집으로 돌아갔다. 철하가 안마루 끝에 구두끈을 끄를 때에 경애가 자기 아우가 돌아옴을 보고 반기어 나오면서도 어쩐 까닭인지 그전에 없던 부끄러움을 띠고,

"어디 갔다 인제야 오니?"

"공연히 돌아다녔죠."

철하는 자기 누이의 부끄러움을 알지 못하였다. 철하는 도리어 자기 누이에게,

"누님은 오늘 어디 갔다 오셨어요?"

하고 물었다. 경애는 주저주저하며 황망히,

"응, 우리 동무의 집에 잠깐……."

"또요."

"없어."

이 말을 듣는 철하의 가슴은 선뜩하였다. 그리고 자기 누이를 한 번 쳐다보며,

"정말 없어요?

"왜 그러니……."

"왜든지요."

철하의 눈에서는 눈물이 날 듯 날 듯 하다. 알지 못하는 원망의 마음과 가슴을 뻗대는 듯한 슬픔은 철하를 못 견디게 하였다. 아, 왜 나의 또다시 없는 사랑하는 누이가 나를 속이노? 사랑이라는 것이 형제의 의리까지 없이한다 하면? 아…… 나는 사랑을 하지 않을 터이야. 우리 누이는 평생에 처음으로 나를 속이었다. 나는 이제 믿을 사람이 하나도 없다. 영빈에게 갔다 왔다고 하면 어때서 나를 속일까? 거기에 무슨 죄악이 숨어 있나? 비밀이 감추어져 있나?

경애는 가까스로 참다못하는 듯이,

"그이 집에."

하고 얼굴이 발개진다.

"그이 집이 누구의 집예요? 그이는 누구예요?"

"영빈 씨 말이야."

"네…… 영빈이요, 그러면 왜 아까는 속이셨어요? 에…… 나는 인제는 믿을 사람이 하나도 없어요."

그는 갑자기 눈물이 솟구쳤다. 그는 아무 소리 없이 자기 방으로 뛰어 들어갔다.

"이 세상에는 한 사람도 믿을 사람이 없어……."

그는 엎드려서 느껴 가며 울었다. 전깃불은 고요히 온 방 안을 비추었다.

경애는 자기의 잘못으로 인하여 가뜩이나 울기 잘하는 철하가 우는 것을 보고 얼마큼 불쌍하고 또 사랑의 참정이 북받쳐올랐다. 그는 철하의 방문을 열었다. 철하는 눈물을 흘리고 이불도 덮지 않고 드러누워 있었다.

만일 영빈이가 이렇게 하고 있는 것을 보았다면? 경애의 마음은? 끼어안고 입이라도 맞추었을 것이지만 그렇게 할 수 없는 철하에게는 가만히 전깃불을 반사하는 철하의 아래 눈썹에 괸 눈물을 그의 수건으로 씻어 주었다. 철하는 잠이 들었었다. 가끔가끔 긴 한숨을 쉬며 부드러운 입김을 토하였다.

경애는, 왜 내가 한번도 거짓말을 하여 보지 못한 나의 오라비에게 거짓말을 하였을까? 아…… 육체의 쾌락은 모든 것의 죄악이다. 아무리 사랑하는 자에게 안김을 받은 것일지라도 죄악이다. 그 죄는 나로 하여금 가장 사랑하는 나의 아우를 속게 하였다.

그는 자기 아우의 파리하여 가는 얼굴을 들여다보며 자꾸자꾸 울었다. 그러하나 그는 감히 그 날 지낸 것을 자기 아우에게 이야기할 용기는 없었다. 그는 붓과 종이를 들어 그 날 하루의 지낸 쾌락을 쓰려 하였다. 그는 썼다.

철하는 자다가 일어났다. 희망 없는 사람이다. 도와주는 사람은 없다. 하느님을 믿을까? 의지할까? 도와주심을 빌까? 그러나 만일 신이 실재가 아니라 하면? 그렇다. 하느님도 믿을 수 없고 의지할 수 없었다. 그의 가슴속에는 신앙이 없었다. 그의 가슴에는 하느님의 위안이 없었다. 하느님의 위안은 있는 사람에게 있고 없는 사람에게는 없다. 또 있는 것을 없이할 필요도 없고 없는 것을 일부러 있게 할 것도 없다 하였다.

그는 밤새도록 울었다. 오늘 저녁에는 엊저녁같이 아름다운 꿈을 꾸지 못하였다. 그는 새벽에 그의 누이가 써 놓은 글을 읽었다. 그러나 그는 그리 괴이하게 읽지 않았다.

영빈은 경애를 그의 침상에서 맞은 것이었다. 뭉치인 사랑은 파멸을 당하였다. 익고 또 익어 농익은 앵두같이 얇아지고 또 얇아진 사랑의 참지 못하는 껍질은 터지었다. 그러나 터진 그 때부터 그 사랑은 귀여운 사랑이 아니었다. 사랑이 터진 후로부터 경애는 알 수 없는 무슨 괴로움을 깨달았다. 순간적인 쾌락이 언제까지든지 계속하겠지, 하고 영원한 희망을 갖고 있는 그는, 그 순간이 지난 후부터 무슨 비애와 부끄러움이 그의 가슴에 닥쳐 왔다. 그리하고 가장 사랑하는 자기 오라비를 속이게 되었다. 그리고 그 이튿날도 종일 눈물을 흘리게 되었다. 그는,

'하느님이여, 어찌하여 나를 약한 자로 세상에 오게 하셨나이까? 운명의 신이여, 어찌하여 나를 이브의 후예로 나게 하셨나이까? 부드럽고 연한 살과 욕정을 품은 붉은 입술과 최음의 정을 감춘 두 눈과 끓는 피가 모두 부끄러움과 강한 자의 미끼를 위하여 만들어지지 않지는 못할 것입니까?'

하고 혼자 가슴이 답답하였다.

철하는 경애의 고백문 같은 것을 읽고 아무 말도 없이, 다만 사랑의 결과는 찢어졌구나, 그러하나 아무것도 부끄러울 것이 없지 아니한가? 부정이란 치욕만 없으면 그만이지, 영구한 사랑만 있으며 그만이지, 영빈과 누님이 영원한 한 사람이면 그만이지. 그러나 여자는 약하다. 그 순간의 쾌락을 부끄러워서 나를 속이었구나.

아침이 되었다. 해는 아침 안개 속으로 온통 붉은 빛을 내리쏟는다. 하인들은 들락날락, 부엌에서는 도마에 칼맞는 소리가 난다. 아름다운 아침이었다. 분주한 아침이었다.

경애는 일어나며 철하의 방으로 갔다. 창 틈으로 자고 있는 철하를 들여다보았다. 철하는 곤하게 자고 있었다. 경애는 멀거니 공중만 바라보며 아무 소리도 없이 서 있었다.

철하는 겨우 눈을 뜨고 하품을 하였다. 창밖에 섰던 경애는 깜짝 놀라서 저리로 뛰어갔다. 철하는 창을 열고 경애를 바라보며,

"왜 거기 가 계세요? 들어오시지 않고."

그는 조금도 다른 기색이 없이 평상시와 같았다. 경애는 오히려 부끄러워 바로 철하를 보지 못하였다.

　"무얼 그러세요, 거기 앉으시지."

　"뭐 어떠니?"

하며 어색한 말씨로,

　"나는 네가 너무 울기만 하니까 대단히 염려가 되더라."

　"염려되신다는 것은 고맙지만 어쩔 수 없는 일이지요. 그러나 아버지는 또 무엇이라세요?"

　"무얼 무어라셔, 언제든지 그렇지."

　"그러세요?"

하고 그는 한참 생각하듯이 고개를 숙이고 있다가 갑자기 고개를 들고,

　"누님, 나는 그러면 맨 나중 수단을 쓰는 수밖에 없습니다. 내가 부모를 바라는 것이 잘못이지요. 나는 나의 하고 싶은 것을 하지 못하고 이렇게 쓸데없는 시일을 보낼 수가 없어요. 집에 있어야 울음뿐입니다."

　"그러면 어떻게 한단 말이야?"

　"저는 갈 터입니다. 정처없이 가요."

　"얘가, 또 미친 소리 하는구나. 가면 어디로 가니?"

　"날더러 미쳤다고요! 흥!"

　"그런 소리 말고 조금만 더 참아 보아라. 나하고 아주머니하고 어떻게든지 하여 볼 터이니 마음을 안정하고 조금만 더 참으렴. 또 네가 정처없이 간다니 가면 어디로 가니? 가다가 거지밖에 더 되니. 너만 어렵다. 네가 무엇이 있니? 돈이 있니, 학식이 있니?"

　"네, 저는 거지가 되렵니다. 거지가 더 자유스러워요, 더 행복스러워요. 지금 저는 거지 아닌 듯싶으십니까? 아버지의 밥을 얻어먹고 있

는 거지입니다. 그러나 마음은 항상 괴로워요. 차라리 찬밥 한 덩이를 빌어먹더라도 마음 편하고 자유로운 거지가 더 좋습니다.”

그의 가슴에서는 한때 복받치는 결심의 피가 끓었다. 나는 가정을 떠날 터이다, 차디찬 가정을. 그리하고 또 되는대로, 가는 대로 흐를 터이다. 적적하게 빈 외로운 절 기둥 밑에 이슬을 맞으며 자고, 한 뭉치 밥을 빌어 찬물에 말아먹고, 아아 그리운 방랑의 생활, 길가에 핀 한 송이 백합꽃이 아무러하지 않고도 그같이 고우며, 열 섬의 쌀을 참새 하나가 한꺼번에 다 못 먹는다. 불쌍한 자들아! 어리석은 자들아! 오늘 근심은 오늘에 하고 내일 근심은 내일에 하라.

아아, 어두운 동굴 속에도 나의 자리가 있고 해골이 쌓인 곳에도 나의 동무가 있다. 오막살이 초가집에서도 하늘의 천사에게 향연을 베풀며, 망망한 대양에 반짝거리는 어선의 등불 밑에도 달콤한 정화가 있지 아니한가. 한 방울의 물로 그 대양 됨을 알지 못하나니, 사람이 무엇으로 크다고 하며 무엇으로 자기인 체하느뇨?

재산은 들고 가려느냐, 땅은 사서 메고 가려느냐, 죽어지면 개미가 엉기는 몸뚱이에 기름을 바르는 여자들아, 분 바르고 기름칠하면 땅 속에서 썩지 않고 다시 산다더냐? 떠나라! 거짓에서 떠나고 사랑 없는 곳에서 떠나라! 너의 갈 곳은 이 세상 어디든지 있고, 너의 몸을 묻는 한 뼘의 작은 터가 어느 산모퉁이든지 있느니라, 아! 갈 것이다. 심령의 오로라여, 나를 이끌라. 진리의 밝은 별이여, 그대는 어디든지 있도다. 아! 갈지라, 나는 갈지로다.

그는 이렇게 결심하였다. 그러나 그는 눈물을 아니 흘리지 못하였다. 육체인 그는, 감정의 그는 울지 아니하지 못하였다.

“누님, 저는 갈 터입니다. 삼각산 높은 봉에 쉬어 넘는 구름과 같이 가요. 붉은 해가 서산을 넘어가기만 하고, 오지 않는 것같이 가요. 산

넘고 물 건너 걷기도 하고 배도 타고, 얼음 나라도 가고, 수풀 사이로 흐르는 시냇가에도 가고, 인도에도 가고, 애굽에도 가고, 예루살렘에도 가고, 이태리에도 가고, 어디든지 갈 터입니다."

이 때 하인이 편지 한 장을 갖다가 경애 앞에 놓았다. 그는 반가워 뜯어 보았다.

경애여, 그대의 오라비는 나를 욕보였다. 진실한 사랑을 의심하여 나에게 치욕을 주었다. 나는 다시 그대의 남매를 보지 않을 터이다. 그대의 오라비는 나를 의심하여, '그 여자가 누구입니까?' 하던 그 여자는 참으로 나의 정인이다. 너의 연한 살과 부드러운 입술과, 너의 육체의 아무것으로라도 흉내내기 어려운 사랑의 애정인 그의 두 눈의 광채를 보라. 타는 가슴에 불이 붙는 것의 상징인 그의 뺨을 보라. 그는 참으로 산 자이다. 그러나 너는 죽은 자이다. 죽은 자는 죽은 자라야 사랑한다. 그만.

영빈

경애는 땅에 엎디어 울었다. 그는 편지를 북북 찢으며,

"예술가? 예술이 다 무엇이냐? 죽음을 저주하는 주문이냐, 마녀의 독창이냐, 보기에도 부끄러운 음화냐, 다 무엇이냐. 사랑 같은 예술이 어찌 그 모양이냐? 아, 분해, 너도 예술 다 고만두어라. 예술가는 다 악마이다. 다 고만두어라."

그는 자꾸자꾸 느껴 운다. 그는 자꾸자꾸 분한 마음이 나며 또 한옆으로 자기 누이가 그리하는 것을 보매 실망되는 생각이 나서 마음은 자꾸 괴로워진다.

"누님, 무엇을 그러세요?"

"무엇이 무엇이냐. 나는 예술가에게 더러움을 당하였다. 속았다. 다 고만두어라. 예술가는 다 독사다. 악마이다. 여호와를 속인 뱀과 같다. 다 고만두어라."

철하의 마음은 갑갑할 뿐이었다. 쉬일 새 없이 흐르는 그의 더운 피가 갑자기 꽉 막히는 듯하였다. 자기의 누님이, 가장 미덥고 가장 사랑하는 누님이 가짜 예술가에게, 독사에게, 악마에게, 아! 그 곱고 정한 몸을 그 순간에 더럽히었다. 아니 아니 그 순간이 아니다. 더럽힌 것이 그 순간이 아니다. 형식을 벗어난 사랑의 결과를 나는 책망하지 않는다. 그러나 영빈의 머릿속에는 벌써부터 나의 누이를 더럽히고 있었다. 보이지 않는 그의 머릿속에서는 몇만 번 나의 누님을 침상에서 맞았다. 그의 머릿속에 있던 음욕의 환영은 몇천 번인지 모른다. 아아 악마, 독사, 너는 옛적에 에덴에서 이브를 꼬이던 뱀이다. 거침없고 흠 없던 이브는 그 뱀으로 인하여 모든 세상의 괴로움을 깨달은 것과 같이 너는 나의 누님에게 고통을 주었다. 거리낌없는 나에게 거짓말을 하게 되었다. 인생의 모든 것을 저주하게 되었다.

철하의 가슴은 갑자기 무엇이 터지는 듯하였다. 모였던 물이 터지는 듯하였다. 막혔던 피는 다시 높은 속도로 돌았다. 그의 천칭(저울)의 중심 같은 신경은 그의 뜨거운 피의 몰려가는 자극을 받아 한없이 흥분하였다. 그는 갑자기,

"누님!"

하고 부르짖으며,

"누님은 예술을 욕보였습니다. 예술이란 것이 어떠한 뭉치로나 부분의 한 개로 있는 것이 아니에요. 생이 있을 때까지는 예술이 없어지지 않아요. 아아, 누님은 생의 모든 것을 욕보였습니다. 누님은 누님 자기를 욕하고 가장 사랑하는 아우를 욕하고…… 아아, 나는 참으로

그 말을 그대로 듣고 있을 수 없어요. 나의 목을 누르는 듯한 누님의 말을 그대로 듣고 있을 수는 없어요. 아아, 내가 독사, 악마라면 누님은 나보다 더 무엇이라 할 수 없는 요녀입니다. 사람의 육체를 앙상한 이빨로 뜯어먹는 요녀예요. 무덤 위로 방황하는 야차입니다. 아아, 나의 가슴은 터지는 듯해요. 가슴에 뛰는 심장은 악마의 칼로 찌르는 듯해요. 아아, 어찌하면 좋을까요, 누님…… 네…….”

경애는 자기 오라비의 갑갑하여 어찌할 줄 모르는 것을 보고, 그가 엎드러져 가슴을 문지르며 우는 것을 보고, 또 자기에게 원망하는 듯하는 소리에 말하기 어려운 비애가 뭉친 것을 보고, 어디까지 여성인 그는 인자가 가득 찬 무엇이라 말할 수 없는 원망과 슬픔과 사랑과 어짐이 뒤섞인 마음이 생기어 그의 오라비를 눈물 괸 눈으로 바라보았다. 물끄러미 아무 말 없이 쳐다보는 그의 눈에는 사랑의 빛이 찼다. 그의 눈물이 하얀 뺨을 흘러 떨어질 때마다 그는 침을 삼키며 한숨이 가슴에 복받친다. 그는 메어 가는 목소리로,

“철하야, 다 고만두자, 지나간 일은 잊어버리자, 나는 전과 같이 너를 사랑할 터이다. 아아, 또다시 너를 속이지 않을 터이다. 아아, 그러하나 나는 분해. 참으로 분해…….”

“모두 다 한때의 감정이지요. 그러나 누님, 분해하는 누님을 보는 나는 더 분해요 ……에 ……나는 그대로 참지는 못하겠어요. 참지 못해요. 내가 죽어 없어지기 전에는 참지 못해요. 그놈이 나의 누님의 원수라 함보다도 나의 원수입니다. 그놈은 예술을 욕보였습니다.”

철하는 자기 누이의 사랑스러운 항복을 받고 갑자기 더욱 흥분되었다. 그리고 벌떡 일어났다.

“아녜요, 가만히 있을 수 없어요.”

그의 누이는 그의 옷자락을 잡으며,

"어디를 가니?"

"놓세요, 그놈을 그대로 두지 못해요. 독사 같고 악마 같은 놈을 그대로 둘 수는 없어요. 나의 손에 주정(에탄올)이 타는 듯한 날카로운 칼은 없지마는 그놈의 가슴을 이 손으로라도 깨뜨려 버릴 터입니다. 놓세요, 자…… 놓세요."

경애의 손은 떨리며 나지막한 소리로 애원하는 정이 뭉친 듯하게 그를 쳐다보며,

"이애, 왜 이러니? 그렇게 감정적으로 하면 안 된다. 자, 참아라. 참아……."

"그러면 누님은 나보다도, 나의 생명보다도 영빈의 그 악마의 생명을 더 아끼십니까, 안 됩니다. 안 돼요."

경애의 마음은 어디까지 사랑스러웠다. 그의 마음에는 오히려 지나간 흔적이 남아 있었다. 부질없는 지나간 때의 단꿈의 기억은 오히려 영빈을 호의로 의심하게 되었다. 자기의 불행을 조금 더 무슨 희망과 서광이 보이는 듯이 인정하게 되었다. 아무렇기로 영빈 씨가 그리하였으랴. 그것은 무슨 잘못된 일이 아닌가 하였다. 그리고 어떠한 때에는 자기 오라비에게 대한 사랑이 영빈의 그것과 대조하여 미치지 못하는 점이 있었다.

철하는 아주 냉담하게,

"저는 일어섰습니다. 누님을 위하여 일어섰으며 예술을 위하여 일어섰습니다. 저는 다시 앉을 수는 없어요."

"이애, 너는 나를 위하여 한다 하면서 그러면 어찌 나의 애원을 들어주지는 않니! 자아…… 앉아라, 앉아. 너무 그리 급히 무슨 일을 하다가는 무슨 오해가 생기기 쉬우니라. 응!"

"앉을 수 없어요. 만일 누님이 영빈이를 위하여 나에게 한번 일어선

마음을 꺾으라 하면 아…… 네, 알았습니다. 영빈에게는 가지 않겠습니다. 영빈을 위하여 가지 않는 것이 아니라 나의 누님을 위하여……."

"아아, 정말 고맙다. 그러면 여기 앉아라."

"그렇다고 앉지는 못해요, 나는 일어선 사람입니다. 혈기 있는 청년 예요. 나는 누님을 위하여 나의 몸을 바칠 터입니다. 자…… 놓세요, 저는 저 가고 싶은 곳으로 갈 터입니다. 자…… 놓세요."

경애는 어찌할 줄 몰랐다. 그는 철하의 옷자락을 어리광도 같고 원망하는 것도 같이 잡아당기며 거기 매달려 한참 엎디어 소리를 내어 울었다. 그 꼴을 보는 철하의 마음은 괴로웠다. 눈물은 한없이 흘렀다.

"누님, 그러면 어떻게 해요? 갈 수도 없고, 있을 수도 없고, 어떻게 하란 말씀이오!"

"나는 어떻게 해야 좋을지 모르겠다. 그러나 너를 놓아 줄 수는 없어. 놓을 수는 없어."

철하는 그대로 사라져 버렸으면 하였다. 그러나 자기 누님의 눈물과 한숨을 보면 볼수록 자기의 마음은 약하여졌다. 철하의 결심은 식어 버리기 시작하였다. 그는 아주 단념한 듯이,

"그러면 놓세요, 저는 다…… 고만두겠습니다. 안 갈 터입니다……."

그가 다시 자기 책상 앞에 가서 '아하' 하고 한숨을 쉬고 팔을 모으고 고개를 대고 엎드리려 할 때 하인이 창을 열고,

"아가씨, 마님이 좀 들어오시라고요."

하고 의심스럽고, 호기의 웃음을 띠고 쳐다본다. 경애는 눈물을 씻고 아무 소리 없이 나간다. 그가 몸을 슬쩍 돌릴 때에 그의 희고 고운 옷자락이 바람에 슬쩍 날리어 그의 부드러운 육체의 윤곽이 선명하게 철하 눈에 보였다.

아아, 욕정! 그는 고개를 다시 내려 책상 위에 엎드렸다. 그는 자꾸

울었다. 방 안은 고요하다. 그 때는 철하의 머릿속에는 아무 의식도 없었다. 그는 깜박 잠이 들었다.

그는 고개를 땅에 대고 엎드려 있었다. 사면은 다만 지평선밖에 보이지 않는 넓고 넓은 사막이었다. 아무것도 보이지 않았다. 저쪽 우묵히 들어간 곳에는 도적에게 해를 당한 행려의 주검이 놓여 있다. 어디서인지도 모르게 괴수의 울음소리가 들린다. 멀리 두어 개 종려나무가 부채 같은 잎사귀를 흔들었다. 적적하고 두려운 생각을 내이는 정막한 것이었다.

그의 눈물은 엎디어 있는 팔 밑으로 새어 시내같이 흘렀다. 그는 목이 마르고 가슴이 답답하였다. 두려움이 생겼다. 조금도 눈을 떠 다른 곳을 못 보았다. 지나가는 바람 소리가 날 때 그의 머리끝은 으쓱으쓱하여지고 귀신의 날개치는 소리가 아닌가 하였다. 그러나 그의 울음은 그치지 않았다. 그의 울음은 극도의 무서움까지라도 그치게 하지 못하였다. 그는 자꾸 울었다.

그 때 하늘 구름 사이로 황금빛이 나타났다. 온 사막은 기꺼움의 광채로 가득 찼었다. 도적에게 맞아 죽은 주검까지 전신에 환희의 광채가 났다. 그 구름 위에는 2천년 전에 갈보리 산 위에서 십자가에 돌아간 예수의 인자한 얼굴이 나타났다. 웃지도 않는 얼굴에는 측은하여하는 빛과 사랑의 빛이 찼다. 그는 곧바로 철하의 엎디어 있는 공중 위에 가까이 왔다. 그는 한참 철하를 바라보더니 그의 오른손을 들었다. 그의 못박힌 자국으로부터는 붉은 피가 하얀 구름을 빨갛게 적시며 철하의 머리털 위에 떨어졌다. 그리고 다시 하얀 모래 위에 발갛게 물들인다. 그 때 모든 천사는 예수를 찬송하는 노래를 불렀다. 구름과 예수와 천사들은 다 사라졌다.

철하는 고개를 들어 쳐다보았다. 그러나 아무 위안을 주지 못하였다.

모래 위의 피는 다 사라졌다. 마음은 여전히 괴롭고 두려웠다. 그는 다시 엎드렸다.

어느덧 공중에 달이 솟았다. 온 사막은 차고 푸른빛으로 덮이었다. 지평선 위 공중에서는 별들이 깜박거리었다. 아주 신비의 밤이었다.

어디서인지 장구와 피리 소리가 들리었다. 그 소리는 아주 향락적 음악을 아뢰었다. 그 때 저쪽 어둠 속에서 아주 사람이 좋은 듯이 싱글싱글 웃는 마왕 하나가 피리와 장구의 곡조에 맞추어 덩실덩실 춤을 추며 이리로 가까이 왔다. 그의 몸에는 혈색의 옷을 입었다. 그가 밟는 발자국 밑 모래 위에는 파란 액체가 괴었다. 그는 달님과 별님에게 고개 숙여 끄덕 인사를 하고 철하 앞에 와서 넘실넘실 춤을 추었다. 그는 유창하게 크게 웃었다. 아주 낙환의 마왕이었다.

"하──하."

빙글빙글 웃는 달
나의 얼굴 밝히소서.
첫날 저녁 촛불 밑에
다홍치마 입고서
비스듬히 기대앉아
아무 소리 아니하고
신랑의 얼굴만
곁눈으로 흘겨보는
새색시의 얼굴 같은
달님의 얼굴빛을
나는 보기 원합니다.

쌍긋쌍긋 웃는 별님
홍등촌 사창 열고
바깥 보고 혼자 서서
지나가는 손님 보고
치마꼬리 입에 물고
가는 허리 배배 꼬며
푸른 웃음 던지면서
부끄러워 창 탁 닫고
살짝 돌아 들어가는
빨간 사랑 감춘
웃는 아씨 그것같이
나에게도 그 웃음을
던져 주기 비옵니다.
하하하 하하하하하.

하늘 위에 흐르는 물
은하수가 되었세라.
인간에는 물이지만
하늘에는 술뿐이라
쉬지 않고 흐르는 술
인간에도 들어부어
눈물 없는 이 마왕과
한숨 없는 이 마왕과
원망 없는 이 마왕과
거짓 없는 이 마왕과

웃음뿐인 이 마왕과
즐거움만 아는 나와
사랑만 아는 나와
꿈속에서 아찔하게
영원토록 살려 하는
이 마왕의 모든 친구
모두 모시게 하옵소서
하하하 하하하하하.

마왕은 철하 귀에 입을 대고,
"철하."
하고 아주 유혹하듯이 나지막한 목소리로 불렀다.
"철하, 일어나게. 근심은 무엇이고 눈물은 왜 흘리나. 나는 여태껏 그
것을 몰라. 자——일어나게. 내 그 눈물과 근심을 다 없이할 것을 줄
터이니."
철하는 가만히 눈을 들어 보았다. 그는 조금 주저주저하였다.
"하하, 철하, 그대는 나를 알 터이지, 어여쁜 처녀의 붉은 입술같이
언제든지 짜르르하게 타는 달콤한 '술의 마왕'을! 자——나의 동무가
되라. 나와 사귀면 근심을 모르는, 눈물을 모르는, 어느 때든지 저 달
님과 별님과 같이 될 것이라. 자, 나와 같이 '술의 노래'를 부르며 춤
추고 놀아 보자. 하하하하하 하하하하하."
철하는 그의 손을 잡고 일어섰다. 마왕은 자기 발자국에 고이는 파란
빛의 액체를 철하에게 먹였다. 철하는 모든 근심, 모든 괴로움을 잊어버
리게 되었다. 그리하여 마왕과 함께 춤을 덩실 추었다. 그리고 그의 가
슴에서는 뜨거운 정욕만 자꾸자꾸 일어났다. 그의 입술은 점점 붉어지

고 온 전신은 열정으로 타는 듯하였다. 그는 부끄러움도 잊어버리고 옷을 벗었다.

그 때에 누구인지 보드랍고 따뜻한 손으로 그의 손을 잡는 자가 있었다. 그의 가슴에 정욕은 더 높아졌다. 그는 돌아다보았다. 철하 뒤에는 눈썹을 푸르게 단장하고 가슴의 유방을 내어보이며 입에는 말하기 어려운 정욕의 웃음을 띠고 푸른 달빛을 통하여 아지랑이 같은 홑옷 속으로 타는 듯한 육체의 말할 수 없는 부드러운 대리석 같은 살의 윤곽을 비치었다. 그의 벗은 발 밑에서는 금강석 같은 모래가 반짝였다.

철하의 가슴속의 붉은 심장은 가장 높은 속도로 뛰었다. 그가 마왕에게 취한 거슴츠레한 눈으로 사랑의 이슬이 스미는 듯한 그의 입술을 바라볼 때 그는 알지 못하게 그 여자의 뭉클하고 부드러운 유방을 끼어안았다. 그는 타는 듯한 입을 맞추었다. 초자연의 순간이었다. 그 때 또다시 유창한 마왕의 웃는 소리가 들리었다.

"하하하하 하하하하하."

철하는 꿈같이 몇 시간을 보내었다. 이 때 멀리 새벽을 고하는 종소리가 들리었다. 마왕과 그 여자는 깜짝 놀라서 손을 마주 잡고 여명 속에 숨어 버리었다. 달은 서쪽 지평선 저쪽으로 넘어가며 얼굴이 노한 듯 불쾌하여 철하를 흘겨보는 듯하였다. 별들은 눈을 비비는 듯하였다. 철하는 혼자 남아 있다가 다시 엎디었다. 마음은 시끄러웠다.

아아, 사랑스러운 새벽빛이 동편 지평선의 저쪽으로 새어 들어왔다. 하늘은 파르스름하게 개었다. 그는 어디서 오는 것인지 길고도 그윽한 정신을 취하게 하는 바이올린 소리를 들었다. 천애 저쪽으로부터 들려오는 음악 소리에 화하여 처녀의 조금도 상하지 않은 목소리가 들렸다. 그러나 그 소리가 어디서 오며 어디로 가는지 몰랐다. 그 때 철하는 눈물을 흘리며 멀리 저쪽 하늘 끝을 바라보았다.

그 음악 소리는 산을 넘고 물을 건너 한없이 왔다. 그 보이지 않는 소리는 처음에는 아지랑이같이 희미하게 보이게 변하고, 또 그 다음에는 여름에 지평선 위로 떠오르는 흰 구름 같은 것으로 변하고, 나중에는 육체를 가진 여신으로 변하였다. 그는 사막 위로 걸어 철하에게로 가까이 왔다. 철하가 그 여신의 빛나는 눈을 볼 때 아아, 모든 근심과 눈물은 사라졌다. 자기가 그 여신 같기도 하고 여신이 자기 같기도 하였다. 그러나 그 여신의 눈에는 눈물이 있었다. 새로운 아침 빛이 그것을 비추었다. 음악의 여신은 아무 말도 없었다. 그는 다만 철하의 손을 잡고 물끄러미 쳐다볼 뿐이었다. 그 여신은 감정적의 여신이었다. 그의 눈에서는 눈물이 자꾸자꾸 흘렀다. 그 눈물은 철하의 손등에 떨어졌다. 그 여신은 철하를 끼어안고 어머니가 어린 자식을 어루만지듯 하였다. 철하는 그 여신을 단단히 쥐었다. 그러나 그 여신은 돌아가려 하였다. 철하는 놓지 않았다. 그 때 여신의 몸은 구름같이 변하고 아지랑이같이 변하고 보이지 않는 소리로 변하였다. 그리고 저쪽 지평선으로 넘어갔다. 철하는 여신의 사라진 손만 쥐고 있었다. 그는 다시 엎드려 울었다.

철하가 눈을 떴을 때에는 그 여신을 잡았던 손에 자기 누이의 고운 손이 잡혀 있었다. 자기 누이는 자기 손을 잡고 그 위에 눈물을 뿌리고 있었다.

작품 알아보기
(단편 문학)

〈벙어리 삼룡이〉는 학대받는 삶을 숙명으로 받아들이던 벙어리 삼룡이가 주인집 아씨를 사랑하면서, 비인간적이고 폭력적인 세계로부터 벗어나려는 의지를 보여 주는 내용을 다뤘으며, 나도향의 작품의 특징을 가장 잘 보여 준다.

〈물레방아〉에서는 가난한 생활로 인해 아내가 남편을 버리고 돈 많은 상전을 택하게 되는 현실이 그려져 있으며 그에 대한 남편의 보복이 다루어지고 있다.

〈뽕〉은 노름으로 딴 아내의 남성 편력과 헤픈 정조를 담고 있으며, 작가적 완숙미를 잘 보여 주는 작품이다.

〈행랑 자식〉에서는 굶주림과 모욕 속에서 살아가는 행랑집 일가의 생활을 통해 서민들의 고통과 설움을 생생하면서도 과장 없이 묘사하였다.

그 밖에 〈꿈〉과 〈젊은이의 시절〉은 미묘한 남녀의 애정 문제를 다루었고, 〈계집 하인〉에서는 당시 서민들의 생활 모습을 엿볼 수 있다. 〈17원 50전〉은 지식인의 애환과 슬픔을, 〈옛날 꿈은 창백하더이다〉는 작가의 어릴 때 추억을 다뤘다.

논술 길잡이
(단편 문학)

❶ 다음 그림은 〈벙어리 삼룡이〉에서 제시된 그림이다. 본문
중 어떤 장면이었는지를 떠올려 보고 줄거리를 말해 보자.

....

....

....

....

....

....

논술 길잡이
(단편 문학)

❷ 〈뽕〉에서는 인간의 심리를 재미있게 표현한 장면이 몇 군데 나온다.
그러한 장면을 아래와 같이 찾아보자.

> 노파 생각에는 돈 한 푼 안 들이고 공짜로 누에를 땄으면 좋을 것이다. 돈 한 푼을 들인다 하면 그 한 푼이 전 수확에서 나오는 이익의 전부같이 생각되어 못 견디었다. 그뿐 아니라 자기 혼자 이익을 먹는 것 같으면 모르거니와 안협집하고 동사로 하는 것이므로 안협집이 비록 뼈가 부서지도록 일을 한다 하더라도 그 힘이 자기 주머니에서 나가는 돈 한 푼만 못해 보인다.

논술 길잡이
(단편 문학)

❸ 〈물레방아〉에서 주인공은 자신을 배신한 부인을 죽이고 자기도 함께 죽는다. 주인공이 왜 그렇게까지 해야만 했을까를 생각하고, 자신이라면 어떤 행동을 했을까를 얘기해 보자.

논·술·한·국·대·표·문·학 〈전60권〉

펴 낸 이   정재상
펴 낸 곳   훈민출판사
주   소   경기도 고양시 덕양구 원당동 416번지
대 표 전 화   (031)962-3888
팩   스   (031)962-9998
출 판 등 록   제395-2003-000042호